Para comprender
la Tierra

Editor	Jacques Fortin
Director editorial	François Fortin
Editor ejecutivo	Serge D'Amico
Editor de ilustraciones	Marc Lalumière
Director artístico	Rielle Lévesque
Diseño gráfico	Anne Tremblay
Escritores	Nathalie Fredette
	Stéphane Batigne
	Josée Bourbonnière
	Claude Lafleur
	Agence Science-Presse
Traducción	Adriana de la Torre Fernández
Artistas gráficos digitales	Jean-Yves Ahern
	Maxime Bigras
	Patrice Blais
	Yan Bohler
	Mélanie Boivin
	Charles Campeau
	Jocelyn Gardner
	Jonathan Jacques
	Alain Lemire
	Raymond Martin
	Nicolas Oroc
	Carl Pelletier
	Simon Pelletier
	Frédérick Simard
	Mamadou Togola
	Yan Tremblay
Formador	Lucie Mc Brearty
	Véronique Boisvert
	Geneviève Théroux Béliveau
Investigación	Anne-Marie Villeneuve
	Anne-Marie Brault
	Kathleen Wynd
	Jessie Daigle
Revisión de la Tierra	Michèle Fréchet
	Jafar Arkani-Hamed
Producción	Mac Thien Nguyen Hoang
Preprensa	Tony O'Riley

Fortin, Fencoi

Para comprender la Tierra / Fencoi Fortin. -- Bogotá : Panamericana Editorial, 2006.

128 p. : il. ; 28 cm. -- (Guías del conocimiento)

ISBN 958-30-2122-9

1. Tierra – Historia - Enseñanza 2. Estructura de la tierra - Enseñanza 3. Tierra - Evolución - Enseñanza I. Tit. II. Serie.

525 cd 20 ed.

A1074094

CEP-Banco de la República-Biblioteca Luis Ángel Arango

Publicado originalmente en inglés por QA International

QA International

329, rue de la Commune Ouest, 3e étage

Montréal (Québec) H2Y 2E1 Canada

T 514.499.3000 **F** 514.499.3010

© QA International 2006

Título original *Understanding the Earth*

Primera edición en Panamericana Editorial Ltda., mayo de 2006

© Panamericana Editorial Ltda.

Calle 12 No.34-20, Tels 3603077 - 2770100, Fax (571)2373805

Correo electrónico: panaedit@panamericanaeditorial.com

www.panamericanaeditorial.com

ISBN: 958-30-2122-9

Impreso en Singapur

Para comprender
la Tierra

PANAMERICANA
EDITORIAL

Tabla de

contenido

La Tierra, que nació hace 4.600 millones de años **de una nube de polvo,** no siempre se vio como el planeta que conocemos actualmente. De hecho, ha estado cambiando constantemente durante su historia, volviéndose **más dinámico y complejo.** Esta fascinante evolución se revela en las rocas y fósiles que proporcionan evidencia de los primeros tiempos de nuestro planeta.

Historia de la Tierra

La formación de la Tierra

Cómo empezó todo

Cinco mil millones de años atrás, aproximadamente, el sistema solar, incluida la Tierra, no existía. No había otra cosa que una inmensa nube de polvo y gas difusa que giraba sobre sí misma. Con el paso del tiempo, nacieron el Sol, y luego los nueve planetas, entre éstos la Tierra, que se formaron como bolas de nieve, por aglomeración de la materia dentro de la nebulosa original.

SURGIDA DE UNA NUBE DE POLVO

Todo empieza unos 4,6 miles de millones de años atrás, en uno de los brazos en espiral de la Vía Láctea. Bajo el efecto de una onda de choque proveniente probablemente de la explosión de enormes estrellas, una nube de polvo (la **nebulosa primitiva**) empieza a gravitar ❶.

Al centro de esta nube, la materia se vuelve cada vez más densa, caliente, y luego luminosa. Engendra el embrión de una estrella que se convierte en el Sol ❷.

El polvo circundante se aglomera. Pequeñas partículas, cuyas medidas se hacen cada vez más imponentes, forman los embriones de los planetas, o protoplanetas, con un diámetro de algunos kilómetros ❸.

Estos protoplanetas chocan entre ellos y se aglomeran hasta alcanzar la dimensión de un **planeta** (varios miles de kilómetros). Durante centenares de millones de años, los planetas nacientes, entre los cuales se encuentra la Tierra, están sometidos al bombardeo intenso de los demás cuerpos rocosos ❹.

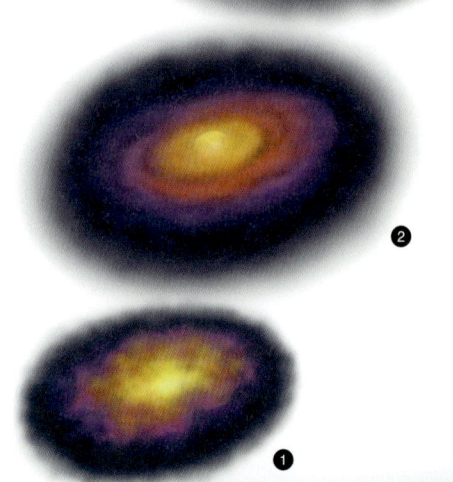

DESDE LA LAVA A LA VIDA

La Tierra estaba completamente cubierta por un **océano de lava ardiente** —roca líquida— de varios centenares de kilómetros de espesor. Por lo tanto no tenía costra ni núcleo ❺.

Poco a poco, este océano de lava se enfría. **Partes de costra** se forman y flotan en la superficie del planeta, que es intensamente bombardeada por los meteoritos y cometas ❻.

Con el paso del tiempo, una **costra primitiva** se crea. Los elementos pesados como el hierro y el níquel se concentran para formar el núcleo mientras que los elementos más ligeros (oxígeno, silicio, aluminio, etc.) forman la costra ❼.

La Tierra también es el escenario de una intensa actividad volcánica, que produce la expulsión de los gases livianos y crea una **atmósfera primitiva** radicalmente diferente de la nuestra. Al condensarse, el vapor ácueo forma nubes; el surgimiento de la lluvia permite la creación de lagos, ríos y océanos. Paralelamente, la costra se fragmenta y así nacen los continentes ❽.

La presencia de los continentes, de los océanos y de una atmósfera pobre en oxígeno, que propicia la formación de moléculas cada vez más complejas, genera un fenómeno apreciable: **la vida.** Menos de mil millones de años después del nacimiento de la Tierra, esta vida aparece en los océanos ❾. Pero tardará algunos miles de millones de años más en llegar a los continentes.

meteorito

volcán

cráter

continente

océano

La escala de las eras geológicas

Los orígenes de la vida

Desde su aparición, 4,6 miles de millones de años atrás, la Tierra ha conocido un gran número de transformaciones. Al inicio no se parecía mínimamente a lo que hoy día podemos observar. El paisaje terrestre se ha modificado lentamente: se han formado los continentes y los océanos, han aparecido especies de animales y vegetales que sucesivamente han sido reemplazadas por otras especies.

Para determinar y ubicar cronológicamente las más grandes transformaciones de este mundo en permanente cambio, los geólogos crearon una escala de eras geológicas.

EL INICIO DEL MUNDO: UNA VIDA ACUÁTICA

El Precámbrico ❶ es el período más lejano y más largo de la historia de la Tierra. Durante este período se forman, aproximadamente, 4 mil millones de años atrás, la costra terrestre, luego los continentes y los océanos. Sucesivamente, 500 millones de años más tarde, la vida se manifiesta. Los primeros organismos celulares aparecen, así como también las primeras bacterias y las primeras algas.

En el período Cámbrico ❷, se desarrollan diferentes grupos de invertebrados en los mares poco profundos, que cubren gran parte de la Tierra.

Los primeros vertebrados aparecen en el período siguiente: el Ordovícico ❸. Se encuentra también abundancia de corales, esponjas y moluscos como los cefalópodos.

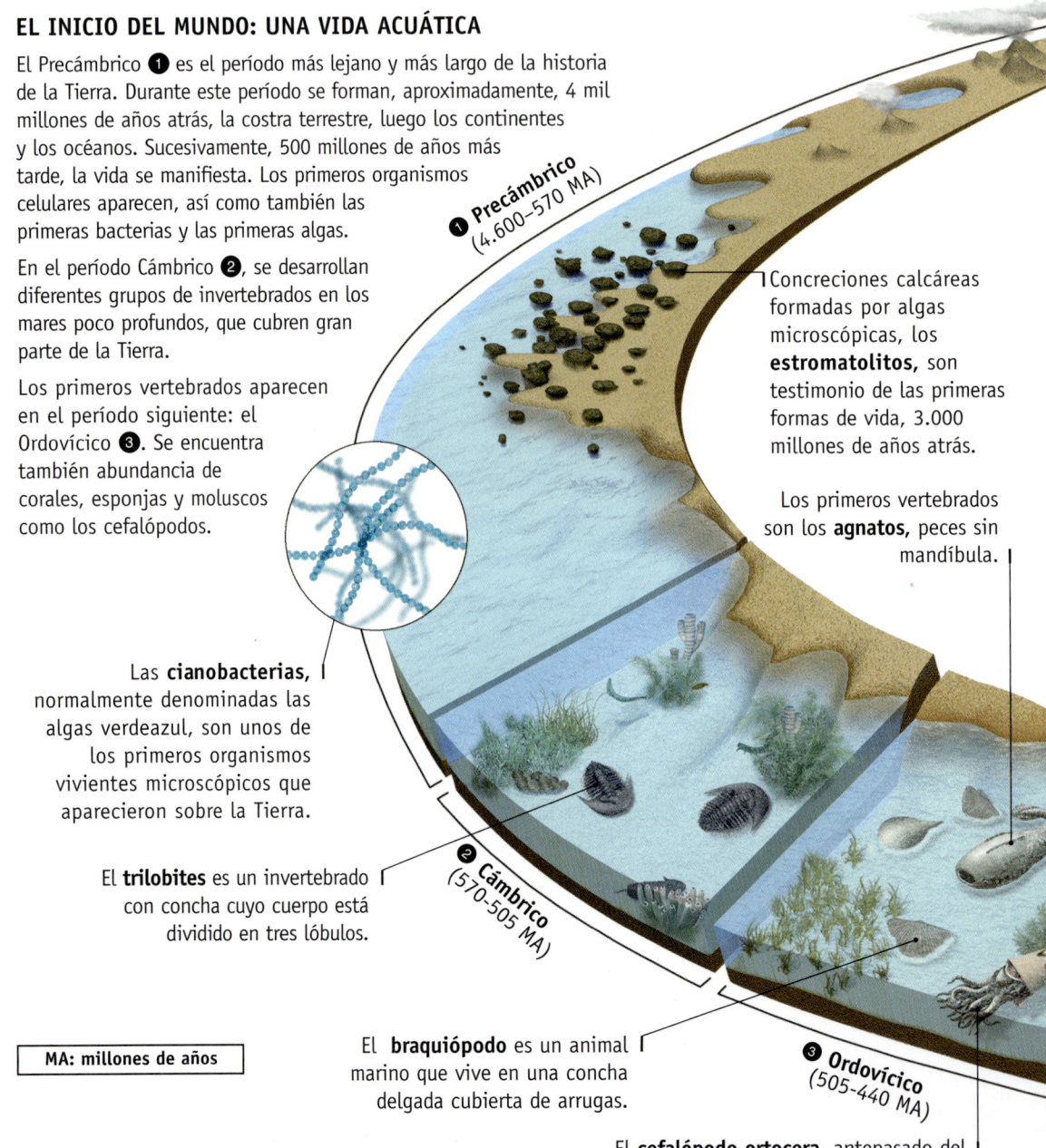

❶ Precámbrico
(4.600–570 MA)

Concreciones calcáreas formadas por algas microscópicas, los **estromatolitos,** son testimonio de las primeras formas de vida, 3.000 millones de años atrás.

Los primeros vertebrados son los **agnatos,** peces sin mandíbula.

Las **cianobacterias,** normalmente denominadas las algas verdeazul, son unos de los primeros organismos vivientes microscópicos que aparecieron sobre la Tierra.

El **trilobites** es un invertebrado con concha cuyo cuerpo está dividido en tres lóbulos.

❷ Cámbrico (570-505 MA)

El **braquiópodo** es un animal marino que vive en una concha delgada cubierta de arrugas.

❸ Ordovícico (505-440 MA)

El **cefalópodo ortocera,** antepasado del calamar, del pulpo y del nautilo, tiene una concha recta o ligeramente encorvada.

MA: millones de años

LA HISTORIA DE LA TIERRA EN UN AÑO

Es difícil concebir un número semejante: 4,6 miles de millones de años de evolución, sin embargo podemos hacernos una idea reduciendo este período a un año. Supongamos que la Tierra se haya creado el 1 de enero a medianoche. La primera forma de vida aparece durante el mes de abril. Los vegetales empiezan a crecer sobre la tierra firme a finales de noviembre. Los dinosaurios ven la luz del Sol hacia la mitad de diciembre, para desaparecer el 25 de diciembre hacia las 19 horas. La especie humana puebla la Tierra el 31 de diciembre a las 23:25 horas y construye las pirámides de Egipto a las 23 horas 59 minutos y 29 segundos. El descubrimiento de América se realiza a las 23 horas 59 minutos y 57 segundos.

A LA CONQUISTA DE LA TIERRA

Durante el Silúrico ❹, aparecen las primeras plantas terrestres. Empiezan a encontrarse en las aguas peces con mandíbula.

El Devónico ❺ marca la llegada de los insectos y de los primeros animales terrestres: los anfibios. Después de este período, los peces se diversifican y los continentes, hasta entonces desiertos, se cubren de ramas y helechos.

Durante el Carbonífero ❻, el aumento del nivel del mar conlleva el desarrollo de inmensos pantanos, pudriendo toda la vegetación y formando las capas de turba que son el origen de los depósitos de carbón. Los primeros reptiles ven la luz del sol.

Los **helechos** empiezan a crecer en los bordes del agua. Algunos son pequeños, otros son gigantes y altos como los árboles de hoy.

Los insectos con alas más viejos son de esta época; entre ellos, **la libélula gigante meganeura** de 70 cm de envergadura.

El insecto más viejo que se conoce, el **arqueognato,** no posee alas, pero posee largas antenas.

En las selvas de coníferas, podemos encontrar ciempiés como el **arthropleura** que puede alcanzar hasta los dos metros de largo.

Con el tiempo, las aletas de algunos peces se transforman en miembros. El **ictioostega** es uno de los primeros anfibios en ver la luz del día. Su cola hace recordar a la de un pez.

Los tiburones son unos de los peces que dominan el período carbonífero. Algunas particulares especies como el **falcatus,** tienen un aguijón con dientes sobre la cabeza.

los **acantódidos,** los primeros peces con mandíbulas, nacen en el período Silúrico. Sus aletas tienen largas espinas.

La **cooksonia** es una de las primeras plantas que llega a la Tierra. Es una planta con tronco pero sin hojas ni raíces.

❹ **Silúrico**
(440-410 MA)

❺ **Devónico**
(410-360 MA)

❻ **Carbonífero**
(360-286 MA)

La vida surge en los continentes

Organismos cada vez más complejos

REPTILES, MAMÍFEROS Y DINOSAURIOS

Durante el período Pérmico ❼, se encuentran reptiles en abundancia; éstos sustituyen a los anfibios cuando el clima se seca. Las masas continentales forman por lo tanto un solo supercontinente: la Pangea.

Durante el Triásico ❽, este supercontinente se desplaza dándole vida a los actuales continentes. Aparecen los mamíferos, los dinosaurios y muchos reptiles acuáticos.

Durante el período siguiente, el Jurásico ❾, el rompimiento de la Pangea forma una zona de ruptura que crea el océano Atlántico. Los dinosaurios como el plateosaurio o el brontosaurio dominan el mundo. Algunos reptiles y las primeras aves empiezan a volar. Crecen las plantas con flores.

El **dimetrodonte** es uno de los reptiles carnívoros que dominan el Pérmico. La gran ala del animal le permite regular su temperatura interna.

El **plateosaurio** es uno de los más grandes dinosaurios del período Jurásico. Herbívoro con un cuello largo, se levanta sobre las patas para alcanzar las hojas de los árboles.

El **archeopteryx,** uno de los primeros seres alados, tiene las características de los reptiles (garras, dientes, cola larga) y de las aves (alas, plumas).

Entre los dinosaurios que aparecen en el período Triásico, puede observarse el **bípede coelophysis,** un animal carnívoro voraz dotado de potentes garras.

Grande y parecido a un ratón, el **megazostrodonte** es uno de los primeros mamíferos. Se trata de un insectívoro de hábitos nocturnos.

❼ **Pérmico**
(286–245 MA)

Primer reptil acuático, el **mesosauro,** es un animal de pequeña talla, con el hocico largo y puntiagudo que nada en aguas poco profundas.

❽ **Triásico**
(245-208 MA)

Reptil de talla mediana, con un cuello largo, el **notosaurio** posee miembros en forma de paleta adaptados para nadar.

❾ **Jurásico**
(208-145 MA)

El **ictiosaurio** se parece mucho al delfín. Reptil marino, con dimensiones que van de 1 m a 5 m, se ha adaptado bien a la vida acuática.

LA LLEGADA DEL SER HUMANO

Los dinosaurios, que reinan todavía durante una parte del período Cretáceo ❿, desaparecen brutalmente al final de éste, tal vez después de la caída de un gigantesco meteoro que provoca la extinción de tres cuartos de las especies vegetales y animales.

Los primeros primates y grandes monos ven la luz del día durante el Terciario ⓫. Los mamíferos se diversifican, aparecen en particular los caballos, los camellos, los rinocerontes y los elefantes. El enfriamiento climático se traduce en la aparición de las praderas.

El período Cuaternario ⓬ se subdivide en dos (Pleistoceno y Holoceno), y abarca cuatro glaciaciones. Los glaciares alcanzan su máxima extensión 18.000 años atrás, para comenzar a retirarse 8.000 años más tarde. Los mamíferos y las aves dominan el planeta y aparecen los antecesores del ser humano: *Homo habilis*, *Homo erectus* y *Homo sapiens*. El tiempo histórico empieza con la invención de la escritura, 5.000 años atrás.

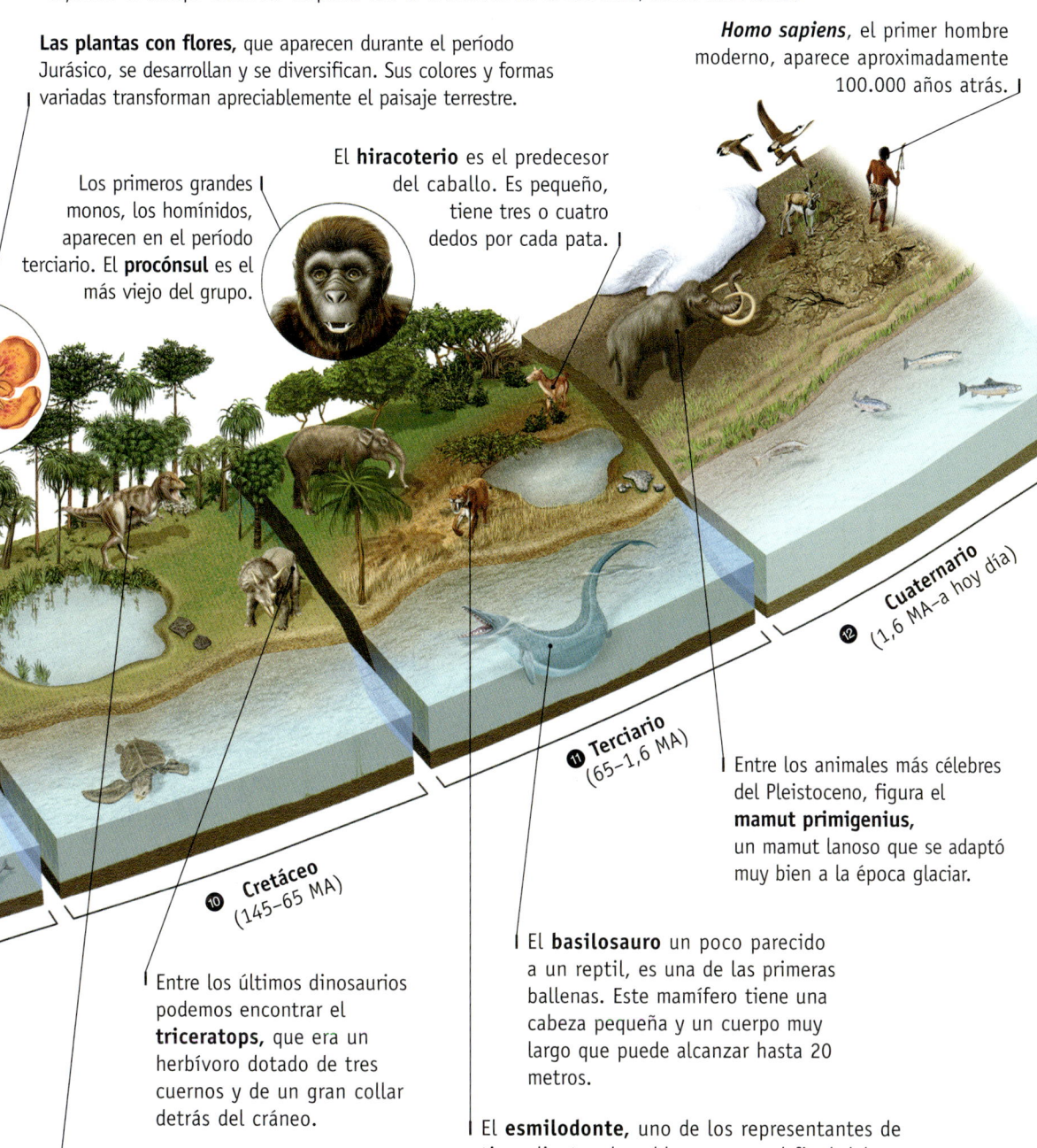

Las plantas con flores, que aparecen durante el período Jurásico, se desarrollan y se diversifican. Sus colores y formas variadas transforman apreciablemente el paisaje terrestre.

Los primeros grandes monos, los homínidos, aparecen en el período terciario. El **procónsul** es el más viejo del grupo.

El **hiracoterio** es el predecesor del caballo. Es pequeño, tiene tres o cuatro dedos por cada pata.

Homo sapiens, el primer hombre moderno, aparece aproximadamente 100.000 años atrás.

Cuaternario (1,6 MA–a hoy día) ⓬

Terciario (65–1,6 MA) ⓫

Cretáceo (145–65 MA) ❿

Entre los animales más célebres del Pleistoceno, figura el **mamut primigenius,** un mamut lanoso que se adaptó muy bien a la época glaciar.

Entre los últimos dinosaurios podemos encontrar el **triceratops,** que era un herbívoro dotado de tres cuernos y de un gran collar detrás del cráneo.

El **basilosauro** un poco parecido a un reptil, es una de las primeras ballenas. Este mamífero tiene una cabeza pequeña y un cuerpo muy largo que puede alcanzar hasta 20 metros.

El **tiranosaurio,** uno de los más grandes carnívoros, posee potentes mandíbulas con dientes tajantes. Alcanza un peso de cinco toneladas, mide casi catorce metros de longitud y entre cinco y seis metros de altura.

El **esmilodonte,** uno de los representantes de tigre dientes de sable, aparece al final del terciario. Con sus largos caninos superiores les corta la garganta a sus víctimas y las destaza rápidamente.

MA: millones de años

Nuestro conocimiento del tiempo geológico

Fuentes para calcular edades

¿Qué edad tienen las rocas más antiguas? ¿Cómo era el clima en la Tierra hace 300 millones de años? ¿Cuándo la vida acuática dio paso a la vida en tierra? ¿Cuándo aparecieron las aves, las coníferas, los dinosaurios y las flores? Uno de los retos más grandes que enfrentan los geólogos es encontrar respuestas a preguntas como esas. Para calcular la edad de un período en el que no existía documentación escrita se usan dos métodos: datación relativa y datación absoluta.

LOS VESTIGIOS DEL TIEMPO

Los fósiles, enterrados bajo capas de sedimentos rocosos, son vestigios del pasado. Generalmente son las partes duras (huesos, conchas, etc.) de animales y plantas que se han preservado. Abajo, un amonites muere y cae al fondo de un cuerpo de agua ❶. El cuerpo del molusco se descompone y los sedimentos empiezan a cubrir la concha ❷. Con el tiempo, las capas de sedimento se endurecen e inmovilizan la concha ❸. Después de millones de años, los movimientos geológicos o las excavaciones llevan el fósil a la superficie ❹.

❶

❷

❸

❹

LA DATACIÓN RELATIVA

La datación relativa (o estratigráfica) se basa en la observación de diferentes capas de tierra para establecer un orden cronológico entre varios períodos. Con el tiempo, viejos sedimentos se cubren con otros más nuevos, formando una acumulación de capas (o estratos) características de un período, con el más reciente –en principio– hasta arriba.

Cuando los incidentes geológicos perturban los estratos y los mueven hacia una posición vertical, se usa el principio de identidad paleontológica, que supone que dos capas que contengan los mismos fósiles son del mismo período.

LA DATACIÓN ABSOLUTA

La datación absoluta (o radiométrica) se basa en el principio de desintegración de ciertos elementos radiactivos para establecer la edad de los fósiles. La datación con carbono 14 (C14) es la más conocida, ya que el carbono es un elemento que se encuentra en todo organismo vivo. Debido a que los organismos contienen C14 y C12, en una proporción estable, y que el C14 empieza a desintegrarse a una tasa estable cuando los organismos mueren, la cantidad de tiempo que ha pasado desde que una planta o un animal mueren se mide estableciendo la proporción de C14 que queda en relación con el C12.

Los científicos han establecido que se requieren 5.730 años para que se desintegre el 50% del C14. Esto se llama la "vida media" de un elemento. Requeriría la misma cantidad de tiempo para que se desintegrara la mitad del material residual, y así sucesivamente. Por ejemplo, puede calcularse que un organismo ha estado muerto 22.920 años cuando sólo quede 1/6 de C14 en relación con el C12.

Esta técnica se usa hoy para datar vestigios de menos de 50.000 años de antigüedad. Otros elementos (uranio, rubidio, etc.) se usan en muestras más antiguas.

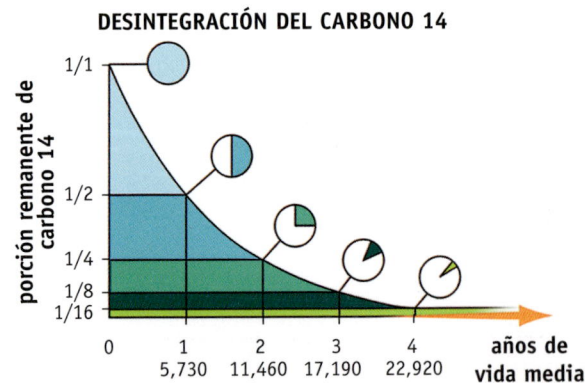

DESINTEGRACIÓN DEL CARBONO 14

porción remanente de carbono 14

| 1/1 | 1/2 | 1/4 | 1/8 | 1/16 |

| 0 | 1 | 2 | 3 | 4 | **años de vida media** |
| | 5,730 | 11,460 | 17,190 | 22,920 | |

TABLA GEOCRONOLÓGICA

Así como los historiadores han dividido la historia de la humanidad en diferentes períodos, los científicos han dividido la evolución de la Tierra en períodos correspondientes a cambios importantes. De este modo, el tiempo desde la creación del planeta se ha subdividido en intervalos llamados unidades geocronológicas. La más grande de estas unidades, los eones, se dividen en eras, luego en períodos y épocas.

eón	era	período	época	millones de años	eventos
Fanerozoico	Cenozoico	Cuaternario	Holoceno		- primeros humanos - edades de hielo
			Pleistoceno	0,01	
		Terciario	Plioceno	1,6	- formación de los Himalaya - primeros pastos - diversificación de los mamíferos - primeros primates
			Mioceno		
			Oligoceno		
			Eoceno		
			Paleoceno		
	Mesozoico	Cretáceo		65	- formación de los Alpes y Montañas Rocosas - extinción masiva de especies de plantas y animales - desaparición de los dinosaurios
		Jurásico		145	- aparición de plantas florecientes (angiospermas) - primeras aves - Los dinosaurios dominan la Tierra - formación del océano Atlántico
		Triásico		208	- primeros dinosaurios - primeros mamíferos - dislocación de Pangea
	Paleozoico	Pérmico		245	- masas continentales forman un supercontinente (Pangea) - abundancia de reptiles - desecación del clima
		Carbonífero		286	- formación de los Apalaches - primeras plantas con semillas - elevación del nivel del mar - primeros reptiles
		Devónico		360	- aparición de helechos y colas de caballo - diversificación de los peces - primeros animales terrestres (anfibios) - primeros insectos
		Silúrico		410	- primeras plantas terrestres - peces con quijada
		Ordovícico		440	- primeros vertebrados
		Cámbrico		505	- primeros invertebrados
Precámbrico	Proterozoico			570	- atmósfera de oxígeno
	Arqueozoico			2.500	- formación de océanos y continentes - primera corteza sólida - formación de la Tierra
				4.600	

¿Qué hay bajo la superficie de la Tierra? ¿Podemos llegar al centro de la Tierra? El interior de la Tierra, con su presión y temperatura extremas, sigue siendo un lugar misterioso. En un proceso que ha tenido lugar durante millones de años, se forman los minerales y luego cambian de forma y estructura por metamorfismo.

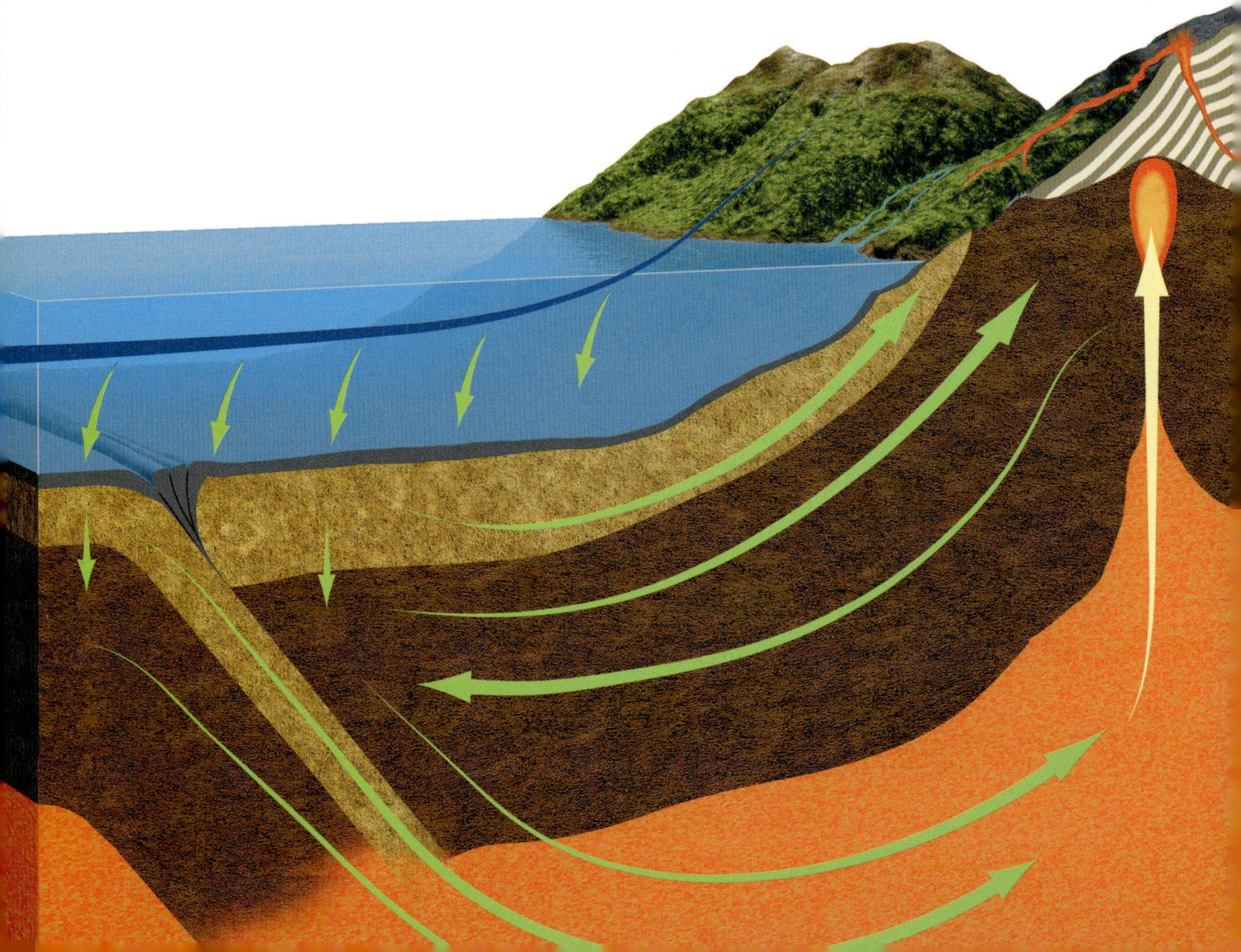

La estructura de la Tierra

En el interior de la Tierra

La estructura interna del planeta

A pesar de la imposibilidad de saber con certeza cómo es la estructura interna de nuestro planeta, la geofísica y la geología (con el estudio de la forma interna y externa del globo terrestre) han permitido recolectar valiosa información acerca del interior de la Tierra.

De la masa total de aproximadamente 6.000.000.000 mil millones de toneladas, el planeta está compuesto por tres estratos concéntricos, desde el más denso al más ligero, delimitados por unas zonas de transición denominadas discontinuidades: el núcleo, el manto y la corteza. Cada una tiene una composición química y unas propiedades físicas particulares.

La **corteza terrestre** representa apenas el 3% del volumen de la Tierra.

discontinuidad de Mohorovicic

El **manto** ocupa el 80% del volumen total de la Tierra. Principalmente compuesto por rocas volcánicas, se encuentra en un estado de fusión parcial a una temperatura de aproximadamente 3.000 °C.

Las **corrientes de convección** transportan el calor interno de la Tierra hacia la superficie.

discontinuidad de Gutenberg

El **núcleo,** que ocupa el 16% del volumen de nuestro planeta, concentra el 33% de la masa de éste. Contiene los elementos más pesados de la Tierra, como el hierro y el níquel, que se acumularon en el centro de nuestro planeta hace 4.500 millones de años.

2.885 km

6.371 km

COMPOSICIÓN QUÍMICA DE LA TIERRA

oxígeno (30%)
silicio (15%)
hierro (35%)
magnesio (13%)
níquel (2%)
otros elementos (3%)
azufre (2%)

COMPOSICIÓN QUÍMICA DE LA CORTEZA

silicio (28%)
hierro (5%)
aluminio (8%)
oxígeno (46%)
calcio (4%)
sodio (3%)
otros elementos (1%)
potasio (3%)
magnesio (2%)

discontinuidad de Lehmann

En la escala del globo, la corteza terrestre es delgada como la cáscara de un huevo.

La mayor parte de la superficie de la Tierra consta de una **corteza oceánica** muy delgada, de aproximadamente diez kilómetros de espesor.

Más espesa que la corteza oceánica, la **corteza continental** tiene un espesor entre 30 y 40 kilómetros, y a veces puede llegar hasta 70 kilómetros debajo de las cadenas montañosas.

La **litosfera,** parte superior rígida de la Tierra, está compuesta por la costra terrestre y la parte superior del manto.

En la **astenosfera,** la temperatura supera los 1,200 °C, fundiendo parcialmente las rocas. La plasticidad de estas faldas permite la deriva continental.

La **parte superior del manto** es un estrato rígido pegado a la costra terrestre.

El **manto superior** está compuesto por rocas duras, ricas en silicatos de hierro y magnesio.

La **mesosfera** es la parte inferior del manto. Esta zona poco conocida está compuesta por materia viscosa agitada por lentas corrientes de convección.

LAS PROFUNDIDADES INSONDABLES

Nuestros conocimientos de la estructura de la Tierra se basan en observaciones indirectas, sobre todo el estudio de las ondas sísmicas. En el terreno, ninguna perforación ha penetrado el suelo a más de 15 kilómetros de profundidad, que corresponde sólo a la parte superficial de la costra terrestre.

El **núcleo externo** compuesto por metales fundidos es el origen del campo magnético de la Tierra.

El **núcleo interno** está compuesto por metales en estado sólido, aun si la temperatura supera los 6.000 °C. El fenómeno es provocado por una presión extrema.

explotación de las minas (3,8 km)

exploración submarina (10,5 km)

exploración geológica (15 km)

Geomagnetismo

La Tierra, un imán gigante

Cuando la aguja de una brújula se alinea en la dirección Norte-Sur, está respondiendo al campo magnético natural de la Tierra. El origen de este fenómeno, que también se da en otros objetos celestes, sigue siendo un misterio. La hipótesis más común es que ciertos mecanismos en el centro de la Tierra convierten al planeta en un imán gigante. Sin embargo, esta explicación no resuelve la cuestión de por qué se mueven los polos magnéticos, o por qué a veces se invierte la polaridad de los planetas.

EL EFECTO DÍNAMO EN EL NÚCLEO DE LA TIERRA

La solidificación del núcleo interior ❶ crea una convección en el núcleo exterior ❷, un material líquido constituido en su mayoría de hierro, que lo hace conductor de corrientes eléctricas. Influido por el movimiento de rotación de la Tierra, las corrientes se mueven en trayectos circulares y su energía cinética se transforma en energía magnética, por un fenómeno electromagnético llamado efecto de dínamo. Entonces, la Tierra actúa como un imán, con un Polo Norte magnético ❸ y un Polo Sur magnético ❹.

MOVIMIENTO DEL POLO NORTE MAGNÉTICO

A diferencia del Polo Norte geográfico, que es inmóvil, el Polo Norte magnético se mueve entre 10 y 15 km hacia el noreste cada año. Probablemente este movimiento se explique por la fluctuación en la fuerza y orientación del campo magnético.

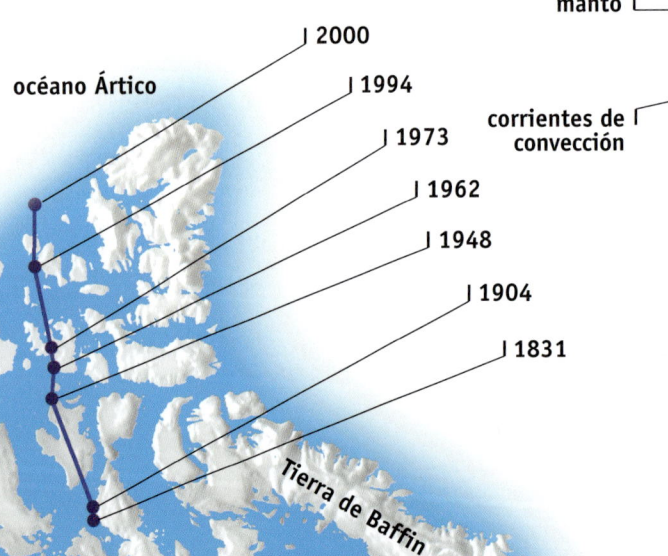

océano Ártico

2000
1994
1973
1962
1948
1904
1831

Canadá

Tierra de Baffin

Bahía de Hudson

manto

corrientes de convección

❷

Polo Sur magnético

Polo Sur geográfico

Existe un **ángulo** de 11,5 entre los polos magnéticos y geográficos. ❹

PALEOMAGNETISMO

Periódicamente, los polos magnéticos invierten sus posiciones: el Polo Norte magnético se vuelve el Polo Sur magnético y viceversa. Esta inversión de la polaridad posiblemente se origine por fluctuaciones en las corrientes de convección en el núcleo exterior.

La exploración del fondo marino en ambos lados de las cordilleras oceánicas les ha permitido a los científicos analizar este fenómeno. Una expansión de fondo marino permite que el magma suba a la superficie, donde se solidifica y mantiene una huella de la polaridad de la Tierra en ese momento ❶. El campo magnético se debilita gradualmente y pierde su polaridad, que se regenera en la dirección opuesta, y esta nueva polaridad deja su huella en la lava que surge después ❷. Al estudiar los cambios de polaridad registrados en el fondo marino, los científicos pueden datar la sucesión de inversiones del campo magnético de la Tierra ❸.

Se ha descubierto que el proceso de inversión tarda no menos de 5.000 años. Una vez establecida, la nueva polaridad permanece por cientos de miles o incluso millones de años.

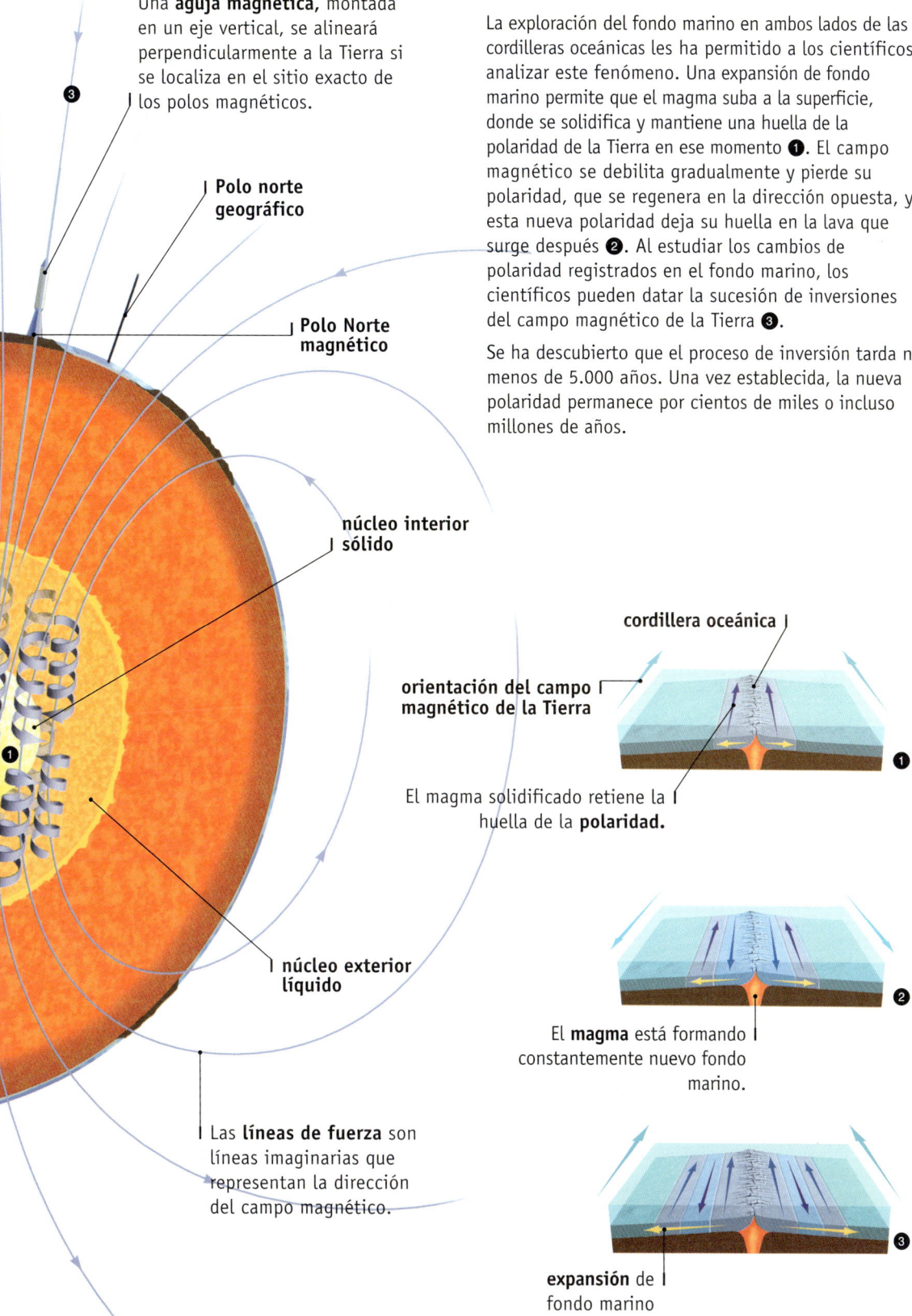

Una **aguja magnética,** montada en un eje vertical, se alineará perpendicularmente a la Tierra si se localiza en el sitio exacto de los polos magnéticos.

❸

Polo norte geográfico

Polo Norte magnético

núcleo interior sólido

❶

núcleo exterior líquido

Las **líneas de fuerza** son líneas imaginarias que representan la dirección del campo magnético.

cordillera oceánica

orientación del campo magnético de la Tierra

El magma solidificado retiene la huella de la **polaridad.**

❶

El **magma** está formando constantemente nuevo fondo marino.

❷

expansión de fondo marino

❸

Los minerales

El núcleo cristalino de las rocas

La corteza de la Tierra se compone de rocas y minerales. Existen cerca de 3.500 minerales, cada uno de los cuales es muy diferente de los demás. Se pueden clasificar de acuerdo con rasgos muy específicos: color, rayado, transparencia, dureza, estructura cristalina y las facies son algunas de las muchas características que se usan para agruparlos por familias. Algunos minerales no son abundantes, y otros escasos. Algunos, como los diamantes, se consideran piedras preciosas. Otros, como el ágata, no son tan valiosos como las piedras preciosas, pero debido a sus formas y colores son gemas, minerales que se usan en joyería.

¿ROCA O MINERAL?

A menudo se confunden las rocas con los minerales. De hecho, las rocas son agregados de varios minerales. El granito, por ejemplo, está hecho de cuarzo, feldespato y mica.

Los minerales son cuerpos sólidos inorgánicos, producidos naturalmente, que tienen una composición química y estructura atómica definidas.

cuarzo

feldespato

granito

mica

ENLACES QUÍMICOS Y AGLOMERACIÓN

La combinación de elementos químicos ❶ constituye el punto de partida de la formación de minerales. Forman estructuras moleculares básicas llamadas células ❷, que se enlazan a otras células para formar un sólido con una estructura bien definida: un cristal ❸. Sujetos a presión subterránea, los diferentes cristales se aglomeran ❹ para producir rocas ❺ que se encuentran en el subsuelo ❻.

LA COMPOSICIÓN DE LOS MINERALES

Los minerales se clasifican en nueve familias, de acuerdo con su composición química. Algunos de ellos, como los elementos nativos cuya característica principal es estar formados por un solo elemento químico, son más conocidos que otros. Los metales, como el oro y la plata, pertenecen a esta familia. El diamante y el grafito también son elementos nativos; ambos están compuestos de átomos de carbón, aunque su color, transparencia y dureza sea distinta.

oro   plata   diamante   grafito

COLOR

Los minerales pueden identificarse por su color. Algunos minerales, como la malaquita, son siempre del mismo color. Otros, como la fluorita y el cuarzo, pueden tener colores diferentes, dependiendo de la clase de impurezas presentes cuando se formaron. Se les llama alocromáticos.

malaquita

fluorina morada, amarilla y verde   **cuarzo rosa y blanco**

RAYADO

Una raya es una línea de polvo que deja un mineral sobre una superficie de porcelana no pulida. Los minerales de la misma estructura cristalina siempre dejan una raya del mismo color.

La raya de la **crocoíta** es anaranjada-amarilla.

Aunque la **calcopirita** es de color dorado, su raya es siempre de un negro verdoso.

El **cinabrio** deja una raya roja.

El **oropimente** deja una raya dorado-amarilla.

TRANSPARENCIA

La cantidad de luz que un mineral admite define su transparencia, traslucidez u opacidad.

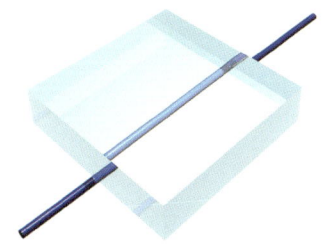 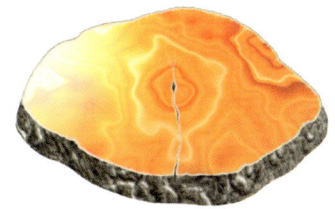 

Si podemos ver un objeto a través del mineral, es **transparente.** El cuarzo posee esta característica.

Si sólo la luz pasa a través de él, es **traslúcido.** El ágata tiene esta característica.

Un mineral que no admite luz es **opaco.** El cobre es un buen ejemplo.

LA ESCALA DE MOHS

La escala de Mohs clasifica la dureza de los minerales de 1 a 10, desde el más suave (1) hasta el más duro (10). Cada mineral se clasifica de acuerdo con su capacidad para rayar a los demás o para dejarse rayar de otros. Por ejemplo, el talco, al que puede rayar una uña, tiene una dureza de 1, mientras la calcita, que puede ser rayada con una moneda, tiene una dureza de 3. El cuarzo, que puede ser rayado con vidrio, tiene una dureza de 7. El diamante, el mineral más duro, no puede ser rayado y por esto es de nivel 10.

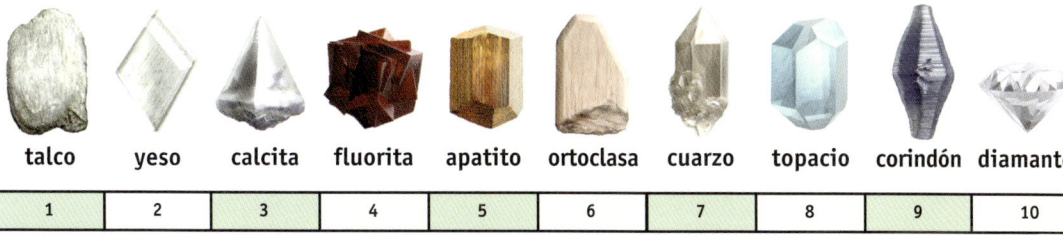

talco	yeso	calcita	fluorita	apatito	ortoclasa	cuarzo	topacio	corindón	diamante
1	2	3	4	5	6	7	8	9	10

Formas minerales

Estructuras y facies

Aun si no se puede apreciar a simple vista, la característica básica de los minerales es su estructura atómica específica. Cuando los minerales se desarrollan sin restricciones en las profundidades de la tierra, los cristales que los forman tienen caras y ángulos que son específicos de cada familia, sin importar su forma o tamaño. La cristalografía es el estudio de las diferentes estructuras de los cristales de acuerdo con leyes muy precisas.

SISTEMAS DE CRISTALES

Existen siete sistemas de cristales que determinan los tipos de minerales. Como estos sistemas se establecen de acuerdo con el modo en que los átomos que componen los cristales se unen entre sí, revelan la estructura interna de los minerales y no su aspecto externo.

CÚBICOS (O ISOMÉTRICOS)

La **pirita** se parece mucho al oro, pero es más dura.

El **lapislázuli** se usa desde hace mucho tiempo en joyería.

Los **granates** pueden ser de varios colores: rojo, anaranjado, verde e incluso claros.

TETRAGONALES

Pulido y cortado, el **circonio** puede parecer un diamante, pero no es tan duro.

La **vesubianita**, también llamada idocrasa, fue descubierta en la sima del monte Vesubio.

La **casiterita** es un mineral del que se extrae estaño.

ORTORRÓMBICO

Aunque no es una piedra preciosa, el **topacio** es una gema muy apreciada.

La **barita** se encuentra en el bario, que se utiliza en análisis radiográfico.

El **olivino** se encuentra a menudo en lava solidificada.

MONOCLÍNICO

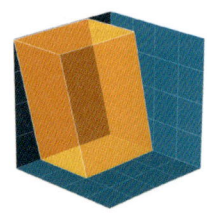

La **jadeíta** no siempre es verde, puede ser blanca, anaranjada o violeta.

El polvo de azurita se usa desde hace mucho tiempo como pigmento azul en pintura.

El titanio se extrae de la **titanita**, o esfena.

TRICLÍNICO

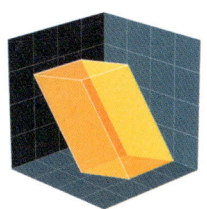

El color característico de la **turquesa** proviene de su contenido de cobre y hierro; cuanto más hierro tiene, más verde es.

La **amazonita** se usa como gema por su color verde azul.

La **rodonita** toma su nombre de la palabra griega *rhodon*, que significa "rosa".

ROMBOÉDRICOS

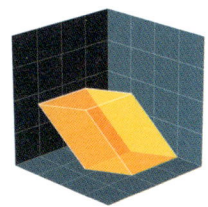

Debido a sus pigmentos rojos, la **hematites** se ha usado desde hace mucho para fabricar cosméticos.

Una sola piedra de **turmalina** puede ser de varios colores.

Las impurezas del cuarzo le dan a la **amatista** su color.

HEXAGONAL

La **esmeralda**, un tipo de berilio, es una de las cuatro piedras preciosas reconocidas.

La **hanksita**, que se forma por evaporcación, se encuentra en abundancia en los depósitos de sal de algunos lagos.

El **aguamarina** es una variedad transparente de berilio. El calor intensifica su color azul.

LA FACIES

Mientras el sistema de cristales se refiere a la estructura interna de un mineral, la facies se refiere a su aspecto y forma exterior en general. Es el resultado del desarrollo disparejo de las caras de un cristal, que sufre muchas presiones mientras se forma en el subsuelo.

MASIVO

oro

Estos minerales se ven sólidos y redondos.

RENIFORME

hematites

Estos cristales tienen forma de riñón.

LAMINAR

grafito

Estos cristales se caracterizan por depresiones finas y paralelas.

ACICULARES

escolecita

Estos cristales tienen muchas agujas densas.

PRISMÁTICOS

berilio

Un número de caras alineadas paralelamente le dan forma.

DENDRÍTICOS

plata

Estos cristales tienen una forma arborescente.

El ciclo de las rocas

El material terrestre en constante evolución

Se dice, a menudo, inmutable y sólida como la roca, lo cual significa que nunca va cambiar. Sin embargo, contrario a lo que se piensa, las rocas evolucionan permanentemente. Se forman, deforman y transforman continuamente, sumergiéndose desde la superficie de la Tierra hacia sus profundidades, para luego emerger otra vez.

Recicladas por la naturaleza y sometidas a procesos químicos y físicos durante millones de años, las rocas se desarrollan de tres modos: sedimentación, metamorfismo o magmatismo.

LA SEDIMENTACIÓN

Las rocas quedan desintegradas por la erosión ❶ y se transforman en pequeñas partículas que son transportadas por los cursos de agua o las corrientes marinas ❷. Esas partículas se depositan en el suelo oceánico ❸ en donde gradualmente forman rocas sedimentarias ❹, que lentamente se hunden en el manto ❺. Los movimientos tectónicos conducen las rocas a más profundidad ❻ o las devuelven a la superficie ❼.

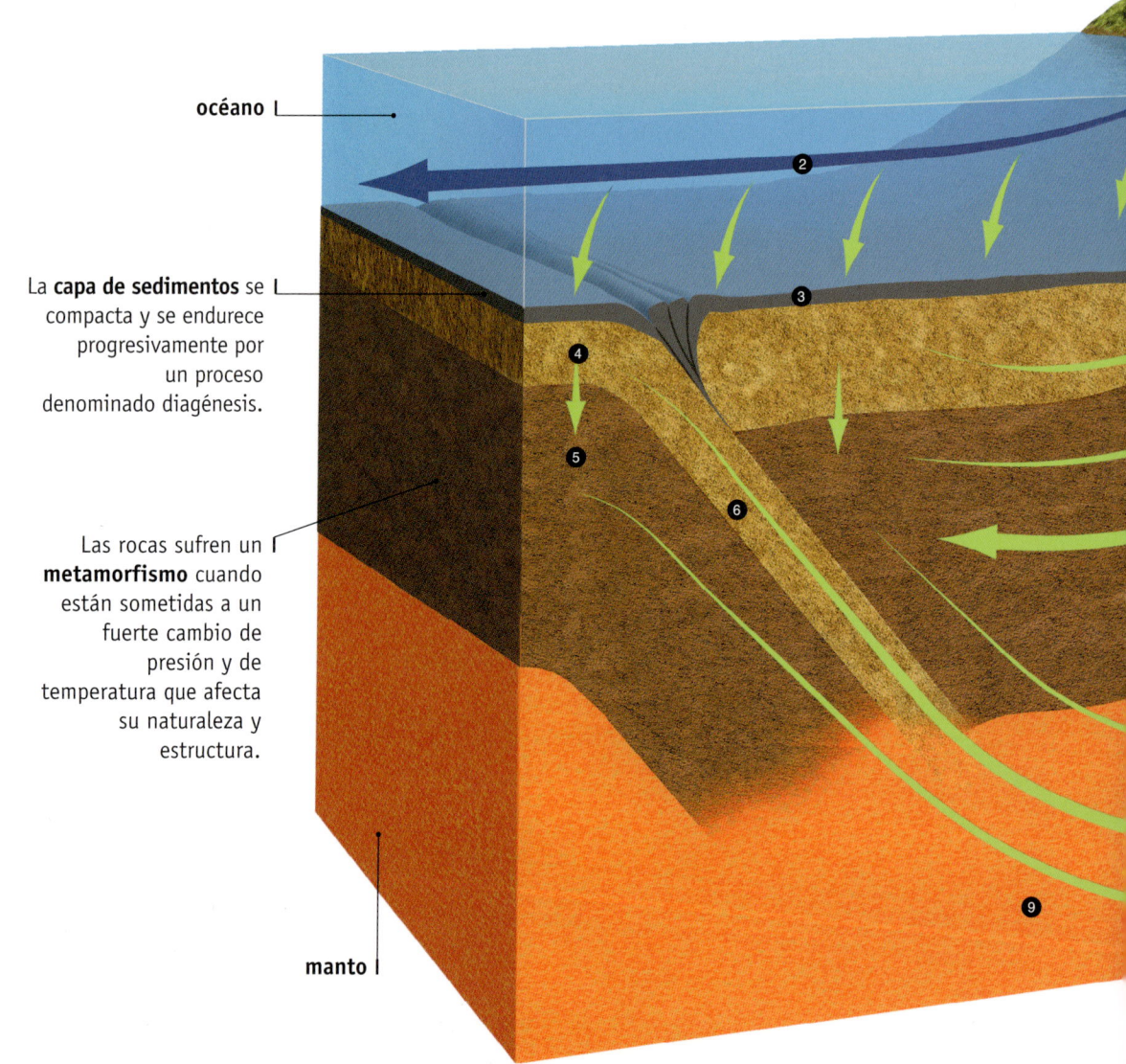

océano

La **capa de sedimentos** se compacta y se endurece progresivamente por un proceso denominado diagénesis.

Las rocas sufren un **metamorfismo** cuando están sometidas a un fuerte cambio de presión y de temperatura que afecta su naturaleza y estructura.

manto

EL METAMORFISMO Y EL MAGMATISMO

Sometidas a fuertes presiones y altas temperaturas, las rocas sufren importantes metamorfismos. Algunas de estas rocas metamórficas suben a la superficie **8**, mientras otras se hunden profundamente en el manto **9**, donde se funden y se transforman en magma **10**. Cuando el magma sube de nuevo hasta la corteza terrestre **11**, a veces se solidifica antes de llegar a la superficie, formando así las rocas magmáticas (o ígneas) plutónicas, que a su vez pueden sufrir nuevos metamorfismos **12**. Al contrario, las rocas magmáticas volcánicas permanecen en estado líquido (lava) hasta el momento de su expulsión **13** y se solidifican sólo al contacto con el aire.

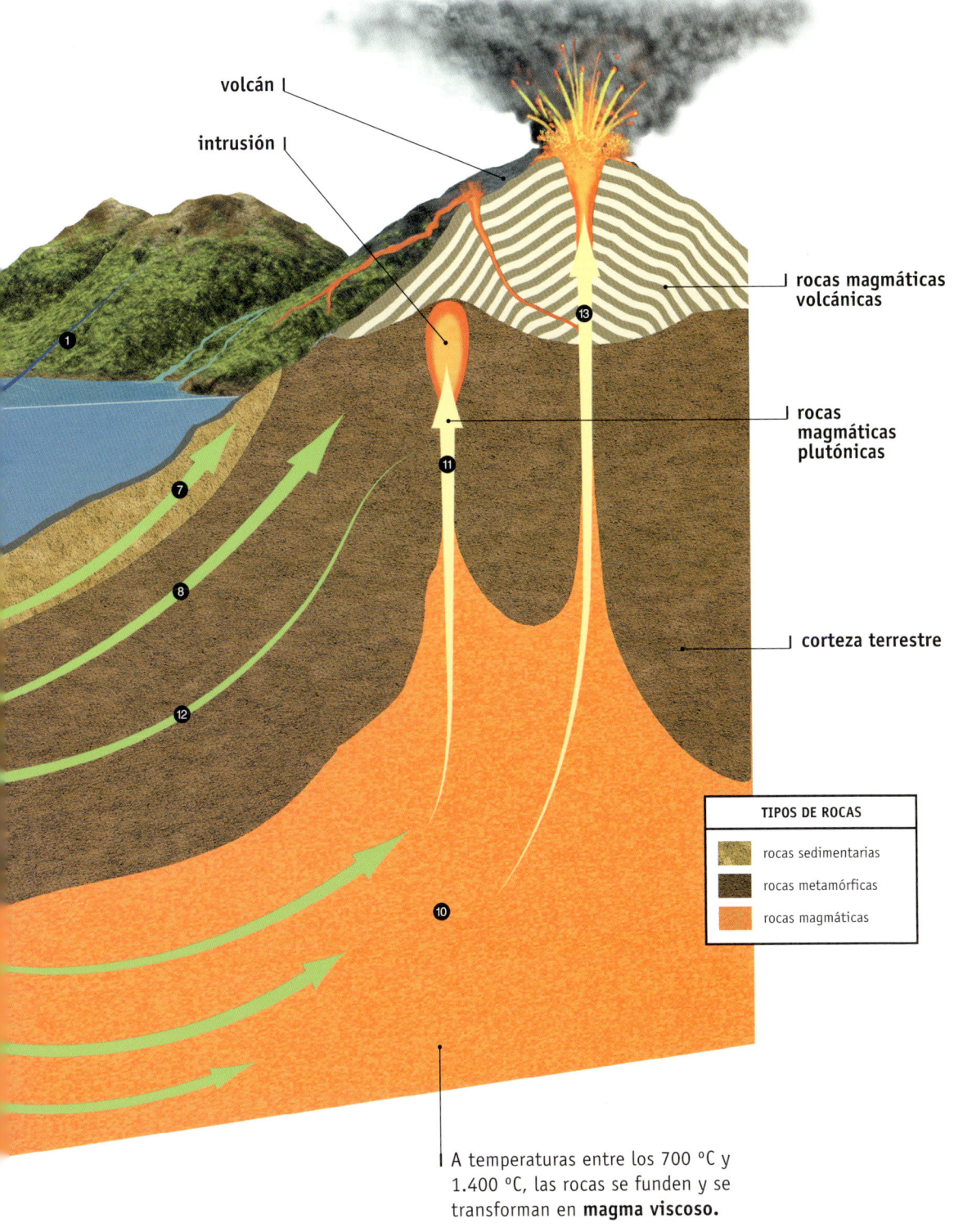

volcán

intrusión

rocas magmáticas volcánicas

rocas magmáticas plutónicas

corteza terrestre

TIPOS DE ROCAS

rocas sedimentarias

rocas metamórficas

rocas magmáticas

A temperaturas entre los 700 °C y 1.400 °C, las rocas se funden y se transforman en **magma viscoso.**

Tipos de rocas

Una extraordinaria diversidad

Las rocas están definidas como un conjunto de minerales: sólidos que se componen de una inmensa variedad de combinaciones de elementos químicos hoy día bien conocidos. Se han clasificado aproximadamente 3.500 especies de minerales y se descubren regularmente otras nuevas. Este enorme conjunto se divide en tres categorías: las rocas sedimentarias, metamórficas y magmáticas.

LAS ROCAS SEDIMENTARIAS

Las rocas sedimentarias se forman sobre la superficie de la Tierra o en las aguas. Lejos de estar compuestas sólo por elementos minerales, contienen también restos de animales y vegetales que se han integrado con minerales particulares. Se distinguen tres tipos de rocas sedimentarias: las rocas biogénicas, que provienen de residuos orgánicos; las rocas detríticas, que están compuestas por diferentes restos, y las rocas de origen químico.

La **sal gema** es una roca de origen químico que hace parte de los evaporados: se forma por precipitación cuando el agua del mar se evapora y crea un depósito de sal.

Formada por la aglomeración de granos de arena, la **arenisca** es una roca detrítica que se utiliza a menudo como material de construcción.

El **yeso**, compuesto principalmente por calcita, es una roca con granos muy finos, cuya textura es friable y porosa. Es una roca biogénica formada por microfósiles marinos.

El **carbón de piedra** es una roca biogénica compuesta por residuos de vegetales que se forma en las aguas poco profundas, normalmente en los pantanos. Más conocido con el simple nombre de carbón, se utiliza como combustible.

La **caliza** es una roca biogénica que contiene residuos de conchas. La caliza fosilífera es una caliza que contiene fósiles.

LAS ROCAS METAMÓRFICAS

Las rocas metamórficas son rocas que han sido sometidas a una presión y temperatura muy intensas y por lo tanto su estructura ha sido modificada. En estas condiciones, no se han fundido pero sí se han cristalizado y presentan además una estructura exfoliada o estriada.

La **ortocuarcita** ha nacido del metamorfismo de la arenisca silícea. Está compuesta por cuarzo en agregados.

El **gneis granítico** es una roca exfoliada que proviene de la deformación del granito. Está compuesto por delgadas capas claras y oscuras.

Sometida al calor o a la presión, la caliza se transforma en **mármol.** Es una roca veteada con diferentes colores y muy apreciada desde hace siglos por los arquitectos y los escultores. El mármol de Carrara en Italia, es uno de los más famosos.

La presión y el calor transforman el esquisto arcilloso en **pizarra**. Negra, verde o gris, la pizarra se exfolia fácilmente; se utiliza desde hace mucho tiempo para construir los techos y las pizarras.

manto

LAS ROCAS MAGMÁTICAS

Las rocas magmáticas (o rocas ígneas) provienen normalmente del manto superior de la Tierra, donde el magma se funde parcialmente. Según su velocidad de enfriamiento, el grano de estas rocas será más o menos fino. Las rocas plutónicas (o intrusivas), que se solidifican lentamente, tienen un grano grueso, mientras que las rocas volcánicas (o efusivas), que se solidifican rápidamente y alcanzan la superficie, tienen un grano fino.

El **basalto** es la roca volcánica más común. Es el resultado de la solidificación de la lava; es de color oscuro, normalmente negro o verde. Muchas islas volcánicas, incluidas las de Hawai, están compuestas principalmente por basalto.

Esencialmente compuesto por cuarzo, feldespatos y mica, el **granito** es la roca plutónica más conocida. Los granitos rosas o pulidos se utilizan a menudo en la construcción de monumentos o edificios.

A pesar de parecer inmóvil, la corteza terrestre, sobre la cual estamos, se mueve varios centímetros cada año. Las **inmensas placas que forman la corteza de la Tierra** se desplazan en la superficie del planeta y chocan entre sí, creando montañas y mares. De hecho, estos movimientos lentos pero continuos, son responsables de la mayoría de los fenómenos más repentinos y devastadores del planeta: **erupciones volcánicas y terremotos.**

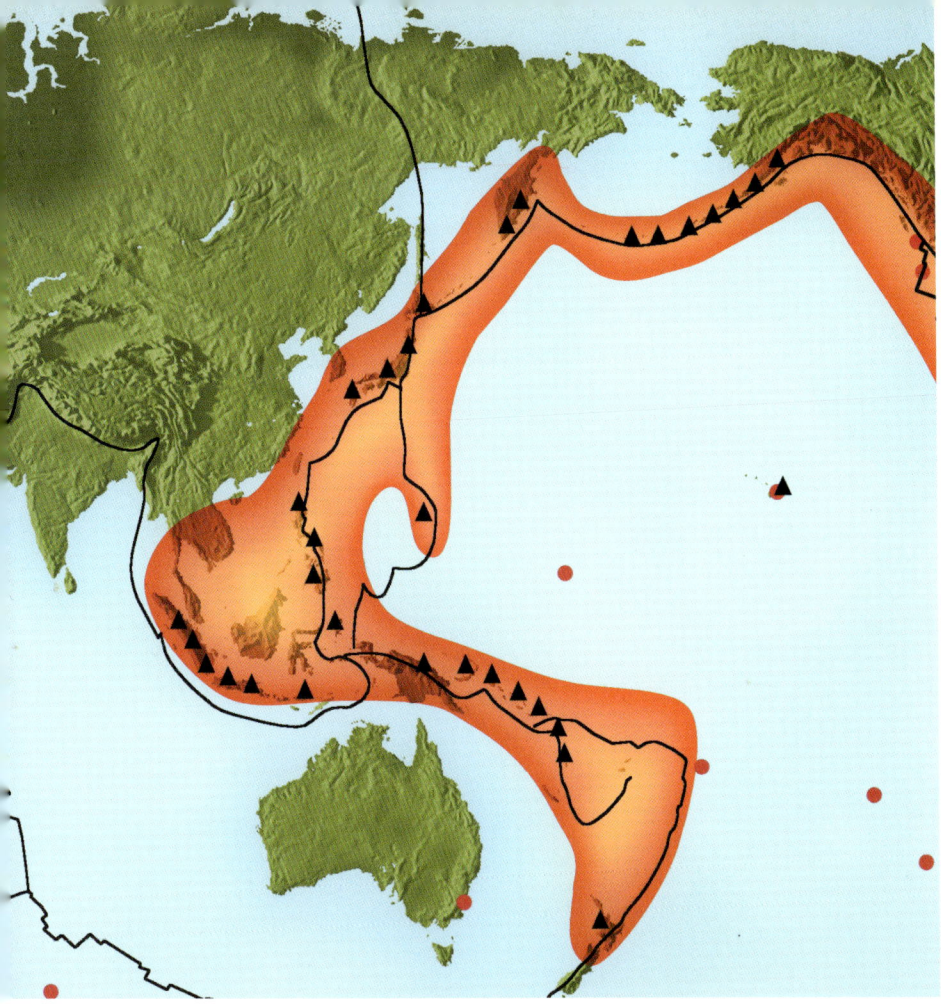

Tectónica y vulcanismo

La tectónica de placas

Una superficie en movimiento

El suelo sobre el que nos encontramos es menos estable de lo que nos parece: cada año, Europa y América del Norte se alejan uno del otro 2,5 cm, mientras que India y Asia se acercan de 4 a 6 cm; por otro lado, algunas partes del globo se desplazan 18 cm. Este fenómeno, que se denomina tectónica de placas, se debe a que la litosfera (capa externa de la Tierra) se ha fragmentado en una docena de placas (inmensas superficies sólidas, de unos 100 km de espesor) que se deslizan sobre la astenosfera, una parte del manto superior de la Tierra.

PLACAS CONVERGENTES, DIVERGENTES Y TRANSFORMANTES

La tectónica de placas explica la mayor parte de los relieves de la superficie terrestre, tanto si se trata de océanos que se han creado mientras dos placas se apartaban una de otra, como si son cadenas montañosas nacidas mientras una placa chocaba con otra. La forma en que las placas se encuentran es determinante. Las placas llamadas convergentes entran en colisión o se deslizan la una sobre la otra (se habla entonces de subducción); las placas divergentes se apartan la una de la otra y provocan un ascenso del magma que genera una nueva corteza; las placas transformantes se deslizan una respecto a la otra.

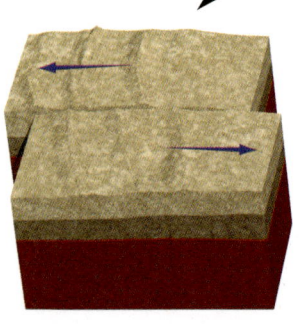

Las placas transformantes se deslizan una contra otra, sin converger ni divergir. Su roce provoca a menudo sismos. Así ocurre en la **falla de San Andrés**, que se encuentra en California, en la unión de la placa pacífica y la placa norteamericana.

Cuando una placa oceánica choca con una placa continental, la oceánica se desliza hacia abajo a causa de su mayor densidad. En los bordes del continente nacen cadenas de montañas volcánicas. La **Cordillera de los Andes** se formó así.

El distanciamiento de las dos placas oceánicas crea una zona de divergencia en donde se alinean montañas volcánicas originadas por el ascenso del magma. La **dorsal medioatlántica** es una de estas cadenas montañosas submarinas denominadas dorsales oceánicas.

LAS CORRIENTES DE CONVECCIÓN

Ascendiendo, el calor interior de la Tierra genera movimientos o corrientes de convección ➊ que son el motor de la tectónica de placas. Estas corrientes constituyen una especie de inmensa cinta mecánica en donde antiguas cortezas ceden su lugar a las nuevas. La lava que brota de las dorsales ➋ se enfría y forma una nueva corteza oceánica ➌. En la Tierra, que conserva siempre el mismo tamaño, existen zonas de subducción ➍ en donde el manto ➎ cubre y consume antiguas cortezas.

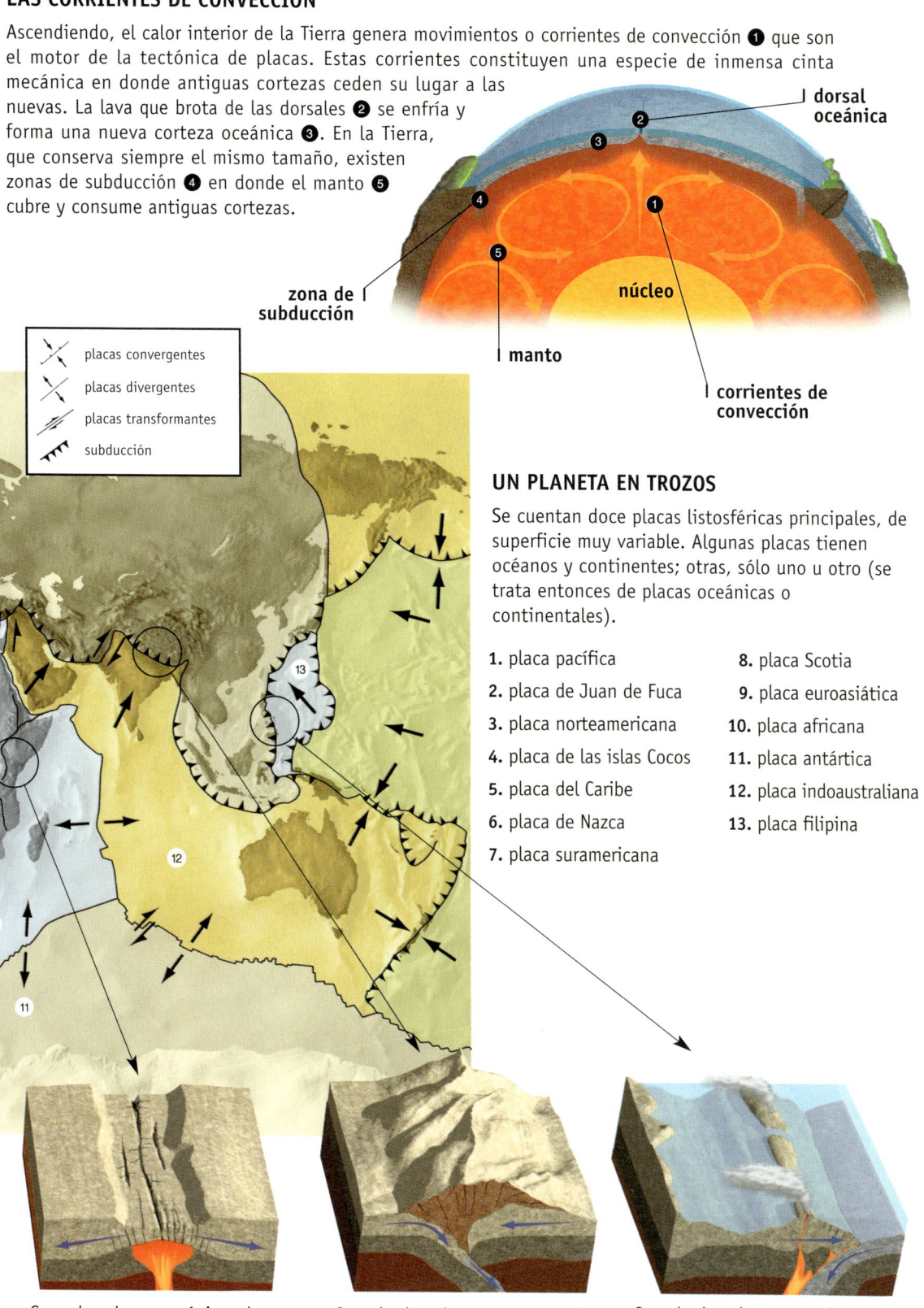

dorsal oceánica

zona de subducción

manto

núcleo

corrientes de convección

placas convergentes

placas divergentes

placas transformantes

subducción

UN PLANETA EN TROZOS

Se cuentan doce placas litosféricas principales, de superficie muy variable. Algunas placas tienen océanos y continentes; otras, sólo uno u otro (se trata entonces de placas oceánicas o continentales).

1. placa pacífica   **8.** placa Scotia

2. placa de Juan de Fuca   **9.** placa euroasiática

3. placa norteamericana   **10.** placa africana

4. placa de las islas Cocos   **11.** placa antártica

5. placa del Caribe   **12.** placa indoaustraliana

6. placa de Nazca   **13.** placa filipina

7. placa suramericana

Como las placas oceánicas, las placas continentales pueden alejarse las unas de las otras. Es el caso del **Gran Rift africano**, una larga fosa de hundimiento cuyas partes inferiores serán gradualmente invadidas por el mar.

Cuando dos placas continentales convergen, puede ocurrir que se unan. Por efecto de la compresión, la corteza cada vez más espesa se pliega. El altiplano del Tíbet, en donde se encuentra el **Himalaya**, atestigua ese choque.

Cuando dos placas oceánicas convergen, la placa con más densidad se desliza bajo la otra. El ascenso del magma genera entonces estructuras de arcos insulares, como el **archipiélago de Filipinas.**

El destino de Pangea
La fragmentación de un supercontinente

A principios del siglo XX, Alfred Wegener, un geofísico y climatólogo alemán, notó que los continentes podían encajar entre sí. Observó, por ejemplo, que el contorno de África occidental empataba con el de Suramérica casi perfectamente, y que había formaciones geológicas similares en ambos continentes.

Esto dio lugar a la hipótesis de que existió un solo continente hace millones de años, pero sólo hasta la década de 1960 se confirmaron y aceptaron las intuiciones de Wegener. Hoy se cree que un único continente llamado Pangea (que significa "toda la tierra") estaba rodeado por un solo océano, Pantalasa ("todos los océanos"). Gradualmente, Pangea se separó, y creó nuevos continentes y nuevos océanos. En la actualidad los continentes siguen desplazándose.

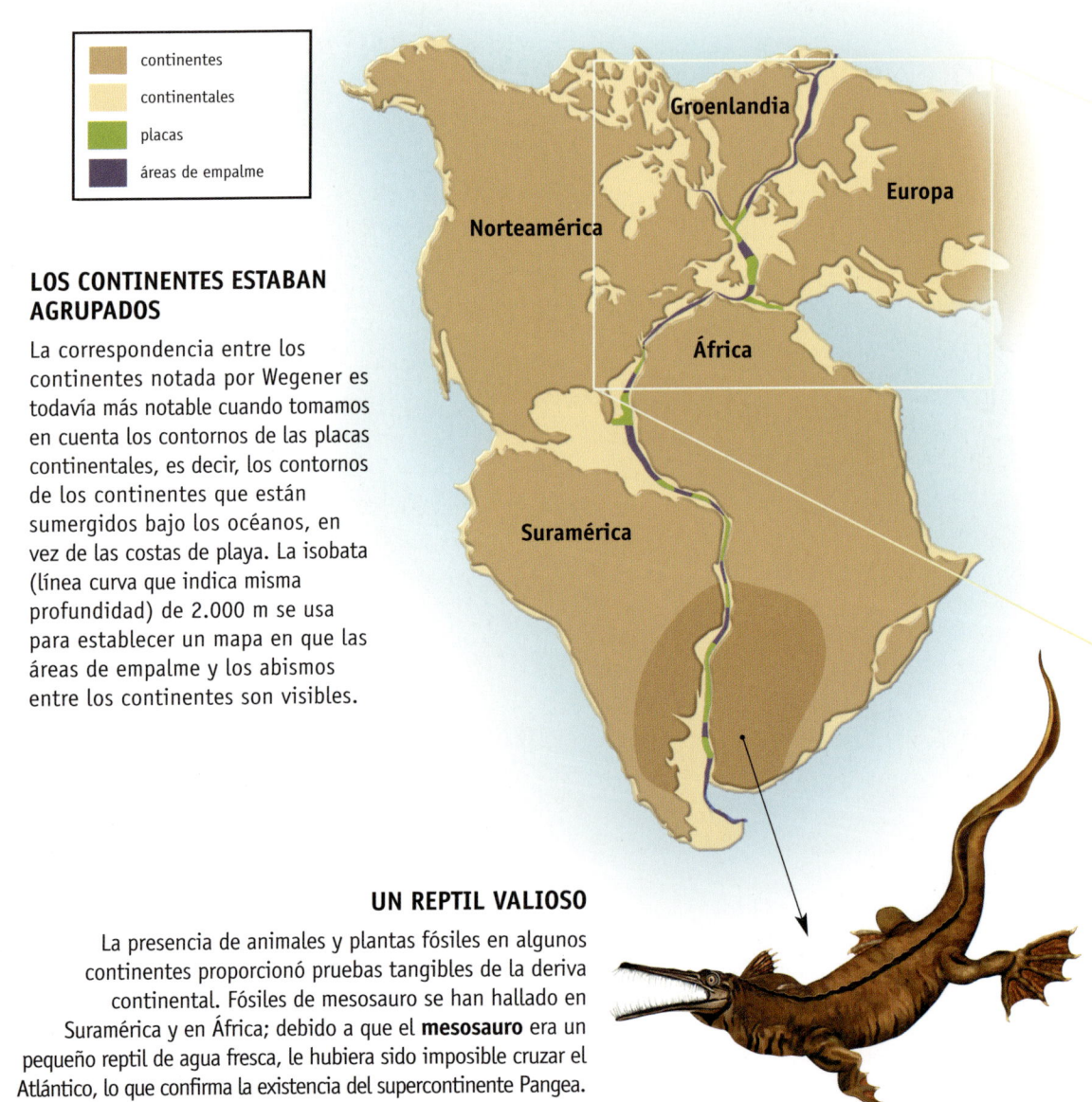

Leyenda:
- continentes
- continentales
- placas
- áreas de empalme

Groenlandia

Europa

Norteamérica

África

Suramérica

LOS CONTINENTES ESTABAN AGRUPADOS

La correspondencia entre los continentes notada por Wegener es todavía más notable cuando tomamos en cuenta los contornos de las placas continentales, es decir, los contornos de los continentes que están sumergidos bajo los océanos, en vez de las costas de playa. La isobata (línea curva que indica misma profundidad) de 2.000 m se usa para establecer un mapa en que las áreas de empalme y los abismos entre los continentes son visibles.

UN REPTIL VALIOSO

La presencia de animales y plantas fósiles en algunos continentes proporcionó pruebas tangibles de la deriva continental. Fósiles de mesosauro se han hallado en Suramérica y en África; debido a que el **mesosauro** era un pequeño reptil de agua fresca, le hubiera sido imposible cruzar el Atlántico, lo que confirma la existencia del supercontinente Pangea.

¿HIELO EN LOS TRÓPICOS?

Entre otros factores que apoyan la teoría de la deriva continental está la presencia de depósitos glaciares en las regiones sureñas de algunos continentes. Pueden encontrarse rastros de glaciaciones en Suramérica, Australia e incluso África e India, que ahora son zonas netamente tropicales. Estos depósitos glaciares, que indican que el hielo flotó hacia el interior de los continentes, fueron probablemente dejados por el casquete polar Antártico.

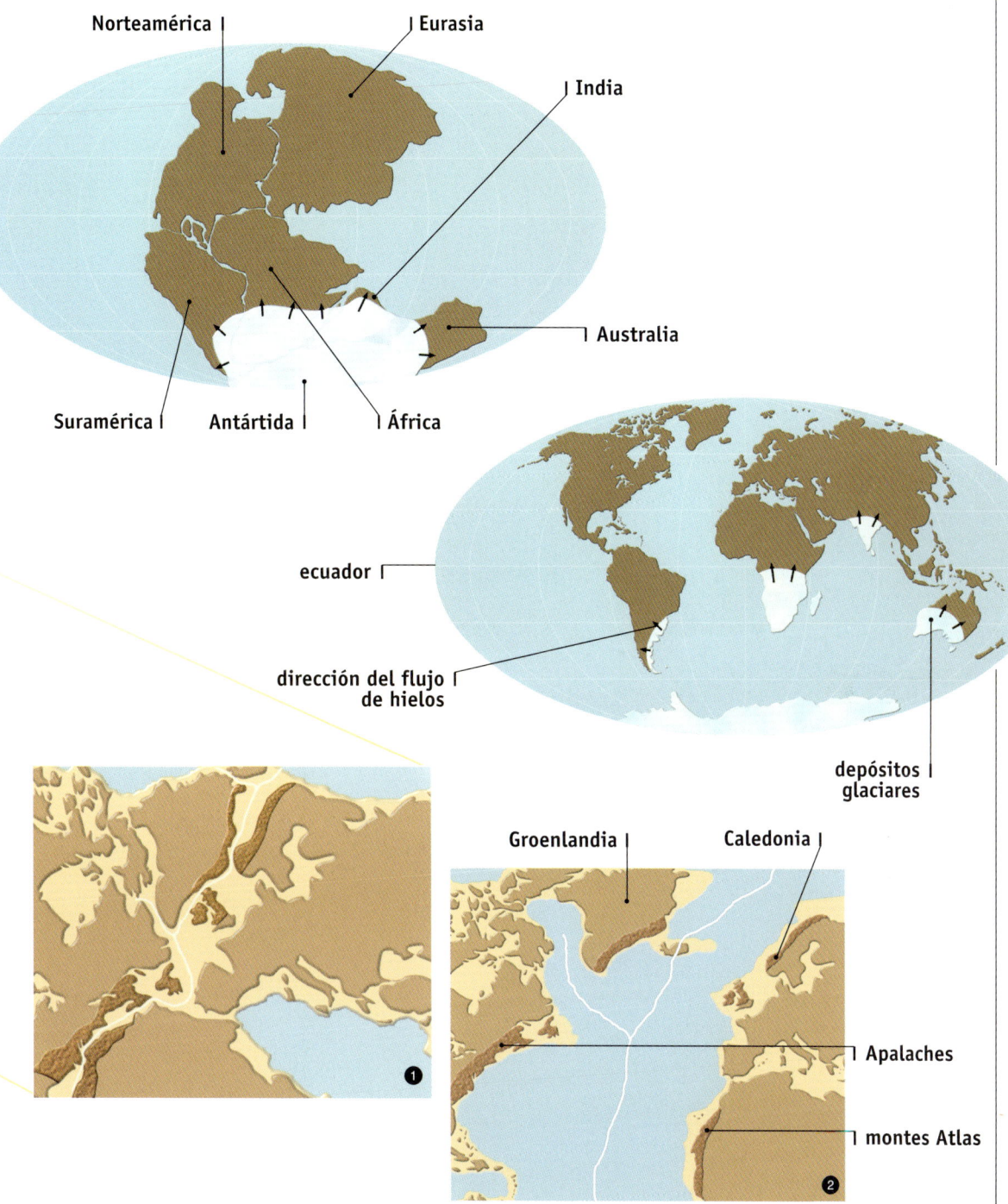

MONTAÑAS CONCORDANTES

Uno de los argumentos decisivos a favor de la deriva continental es la asombrosa similitud de las estructuras geológicas en diferentes partes del mundo. Si visualizamos Norteamérica, Europa y África, lado a lado, vemos que surge un importante cinturón montañoso ❶. Incidentalmente, las tres cordilleras que encontramos hoy día en ambos lados del Atlántico, los Apalaches, las Caledonias y los montes Atlas, tienen la misma edad (cerca de 300 millones de años) y poseen estructuras geológicas idénticas ❷.

Deriva continental
La Tierra, del pasado al futuro

En la década de 1960, las ideas de Wegener respecto a la deriva continental fueron apoyadas por nuevos descubrimientos. La extensión de los fondos marinos y la tectónica de placas explican el movimiento de la superficie de la Tierra y el mecanismo de la deriva continental. Gracias a corrientes convexas, los continentes se deslizan sobre la astenosfera, la capa viscosa del planeta. Las corrientes acercan o alejan a las placas entre sí, entre 1 y 18 cm al año. La extensión del fondo marino separa todavía más a los continentes cuando se desarrollan zonas divergentes debajo de él. Así, el movimiento de continentes que empezó hace cientos de millones de años, sigue ocurriendo.

LA TIERRA HACE 200 MILLONES DE AÑOS

Masas de tierra estaban agrupadas formando un supercontinente, Pangea, con los mares de Pantalasa al occidente y Tetis al oriente.

Pangea

Pantalasa

Tetis

Laurasia

LA TIERRA HACE 150 MILLONES DE AÑOS

Dos de las masas se separan creando el continente de Laurasia hacia el norte (lo que hoy es Norteamérica y el continente Euroasiático) y el continente de Gondwana (hoy Suramérica, África, India y Australia). El océano Índico se abre gradualmente. Pangea deja de existir.

Gondwana

LA TIERRA HACE 100 MILLONES DE AÑOS

Australia y Antártida se separan. Una falla divide Gondwana, y Suramérica se separa de África. Conforme las masas continentales se apartan, las aguas del mar de Tetis se filtran en la falla. El océano Atlántico toma forma.

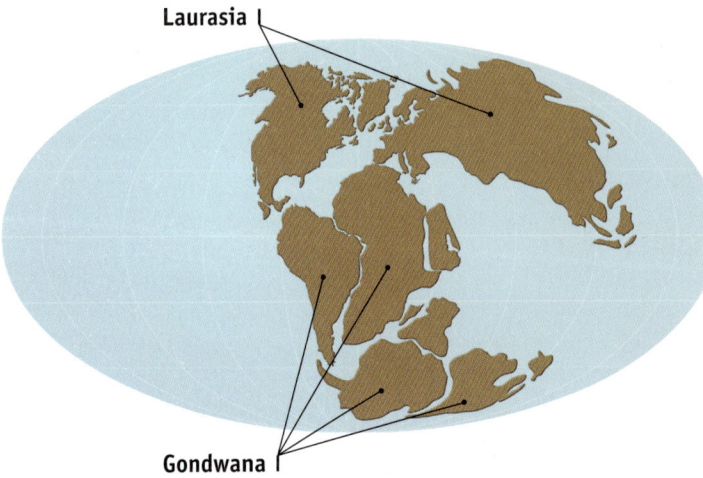

Norteamérica

Europa

Asia

India

Australia

África

Suramérica

Antártida

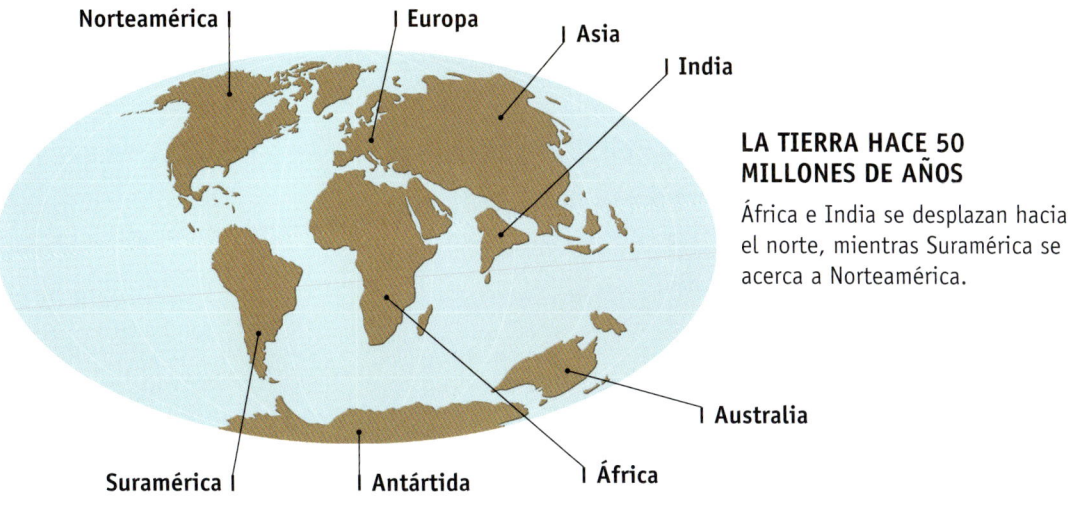

Norteamérica | Europa | Asia | India | Suramérica | Antártida | África | Australia

LA TIERRA HACE 50 MILLONES DE AÑOS

África e India se desplazan hacia el norte, mientras Suramérica se acerca a Norteamérica.

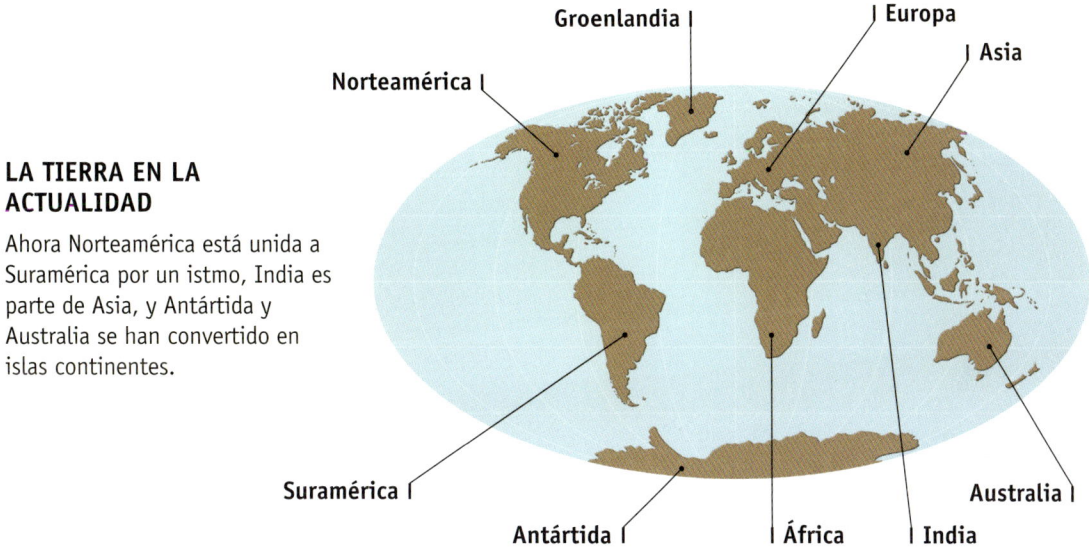

Groenlandia | Norteamérica | Europa | Asia | Suramérica | Antártida | África | India | Australia

LA TIERRA EN LA ACTUALIDAD

Ahora Norteamérica está unida a Suramérica por un istmo, India es parte de Asia, y Antártida y Australia se han convertido en islas continentes.

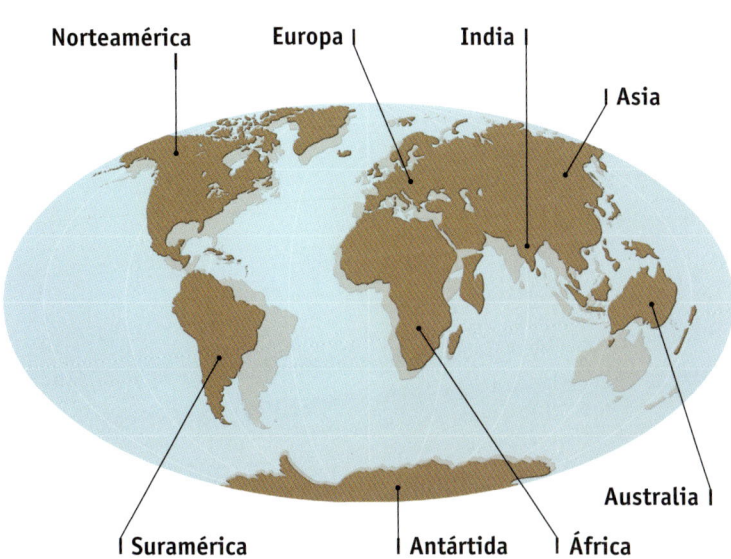

Norteamérica | Europa | India | Asia | Suramérica | Antártida | África | Australia

LA TIERRA DENTRO DE 50 MILLONES DE AÑOS

El desplazamiento hacia el norte de África Occidental con dirección al Mediterráneo comprimirá Córcega, Cerdeña y Sicilia y cerrará el cálido mar, creando un impresionante cinturón montañoso. Arabia y África se separarán, lo que convertirá al Mar Rojo en un océano. Australia se desplazará hacia Asia, mientras India seguirá moviéndose hacia ese continente, esculpiendo y elevando aún más la cordillera de los Himalaya.

Los volcanes

Las erupciones volcánicas figuran entre los fenómenos naturales más espectaculares que se puedan ver; son testimonio de la actividad de la Tierra y demuestran que los volcanes no son montañas como las demás.

Desde la formación de nuestro planeta, la actividad volcánica ha contribuido al desarrollo de los océanos y de la vida sobre la Tierra a través de la emisión de gases, vapor de agua y materia provenientes de las profundidades. Pero los volcanes se asocian más a menudo con su poder de destrucción y con las catástrofes que generan.

EL FENÓMENO DE LOS VOLCANES

Al ascender hacia la superficie, el magma (*molten rock*) ❶ caliente y ligero, originado en el manto terrestre, se va acumulando en la cámara magmática ❷. Con el tiempo, la acumulación de materia hace que el magma ascienda por la chimenea ❸ hacia la superficie, para luego salir por el cráter ❹. Una porción de lava ❺ líquida se derrama sobre las laderas del edificio volcánico. La columna eruptiva ❻ está constituida por elementos de tamaño variable que son expulsados fuera del cráter. El magma que no alcanza la superficie a veces penetra en una capa de roca de tipo diferente y se solidifica ❼ en forma de diques, lacolitos o sills; este fenómeno se denomina intrusión.

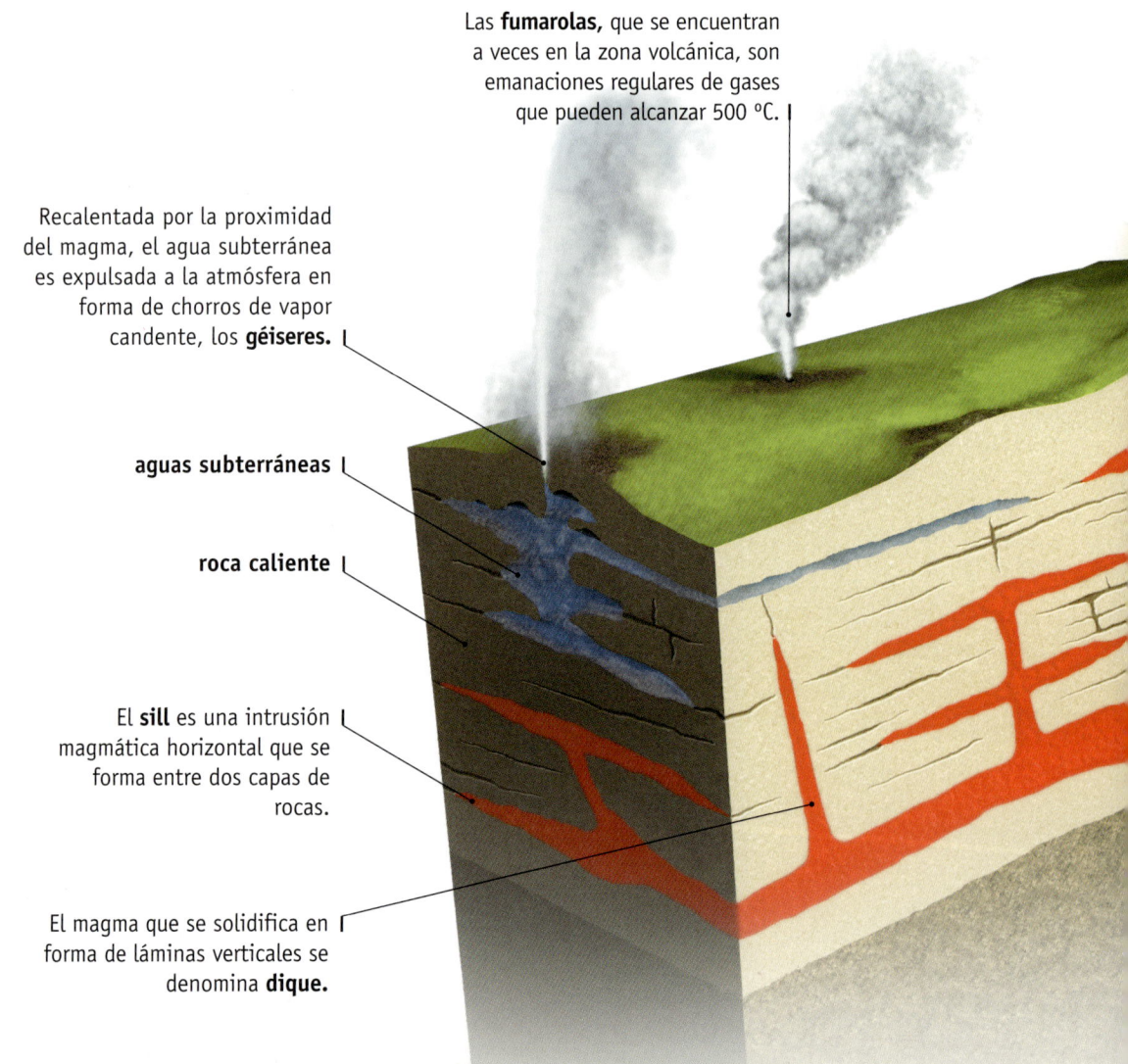

Las **fumarolas,** que se encuentran a veces en la zona volcánica, son emanaciones regulares de gases que pueden alcanzar 500 ºC.

Recalentada por la proximidad del magma, el agua subterránea es expulsada a la atmósfera en forma de chorros de vapor candente, los **géiseres.**

aguas subterráneas

roca caliente

El **sill** es una intrusión magmática horizontal que se forma entre dos capas de rocas.

El magma que se solidifica en forma de láminas verticales se denomina **dique.**

DISTINTOS TIPOS DE ERUPCIÓN

En junio de 1991, el monte **Pinatubo,** en Filipinas, entró en erupción después de más de seis siglos de inactividad. Esta erupción, de tipo explosivo, fue una de las más intensas del siglo XX. Por la presión, la cúpula del volcán se pulverizó y los restos fueron expulsados con gran fuerza.

El volcán **Kilauea,** situado en la isla de Hawai, se encuentra entre los más famosos volcanes activos. Desde 1983, este volcán de tipo efusivo vierte grandes porciones de lava hirviendo.

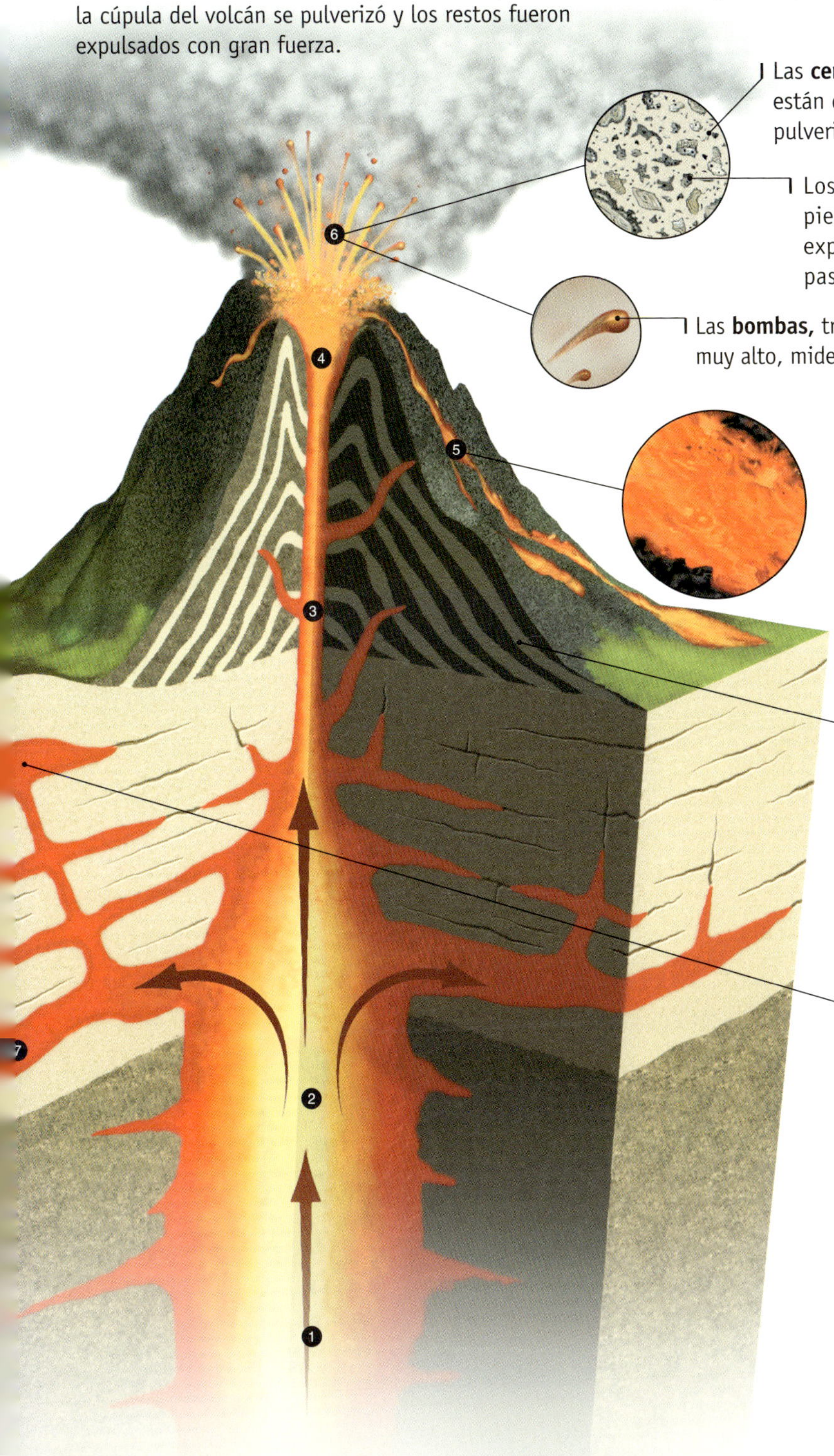

Las **cenizas,** menores de 2 mm, están compuestas por magma pulverizado o por rocas trituradas.

Los **lapilli** son pequeñas piedras de 1 a 50 mm, expulsadas en estado sólido o pastoso.

Las **bombas,** trozos de magma arrojados muy alto, miden más de 10 cm.

La **lava**, cuya temperatura puede alcanzar los 1.000°C, avanza a una velocidad media de 300 m/h.

Los **depósitos** de cenizas y de lava de erupciones anteriores forman capas sucesivas que, con el transcurso del tiempo, forman el edificio volcánico.

Un **lacolito** es una intrusión cuya base horizontal y cúspide forman una cúpula.

El vulcanismo

Una amenaza latente alrededor del mundo

Casi en todas las partes del mundo, y en algunas regiones de manera más específica, existen volcanes que pueden despertarse, a veces después de miles de años de inactividad, y provocar violentas erupciones. Aunque muchas de éstas son breves, otras pueden ser particularmente largas y peligrosas. En algunos casos, ¡duran hasta 10 años! Las nubes de cenizas pueden tardar meses, incluso años, en disiparse en la atmósfera.

Europa

Asia

Vesubio

Etna

África

EL CINTURÓN DE FUEGO DEL PACÍFICO

A menudo, los volcanes emergen a lo largo de las placas litosféricas y forman una cadena. Una de las cadenas más conocidas es el Cinturón de Fuego del Pacífico, que reúne una gran parte de los volcanes del globo. Ubicado en el arco insular que rodea el océano Pacífico, el cinturón comprende entre otros los archipiélagos volcánicos de las islas Aleutianas, de Japón, de Indonesia y de Filipinas.

LOS TIPOS DE VULCANISMO

Existen tres tipos de vulcanismo, y cada uno de ellos puede presentarse en los continentes o en los océanos. Los dos primeros tipos están directamente relacionados con el fenómeno de las placas litosféricas: se trata del vulcanismo de subducción (convergencia de placas) y del vulcanismo de falla (divergencia). El tercer tipo no se produce en la frontera de dos placas sino en el interior de una sola placa: es el vulcanismo intraplacas conocido con el nombre de puntos calientes.

El distanciamiento de las placas continentales provoca un **vulcanismo de falla**. Como el Kilimanjaro, un volcán que nació a lo largo de una de estas fallas situadas en el continente africano.

El **vulcanismo de subducción oceánica** se produce cuando una placa se desliza debajo de otra. La infiltración de agua en las profundidades de la Tierra provoca entonces un descenso de la temperatura de fusión que favorece la ascensión del magma, causando erupciones muy explosivas. El volcán Krakatoa es de este tipo.

DISTRIBUCIÓN GEOGRÁFICA

Se dice que un volcán se encuentra activo si su última erupción se produjo hace menos de 100 años. Se estima que son 1.500 el número de volcanes activos en los continentes, que producen cada año unas cincuenta erupciones, sin contar los que se encuentran en el fondo de los océanos. La distribución geográfica de los volcanes no es aleatoria sino que corresponde a zonas de fractura de la corteza terrestre o a puntos calientes.

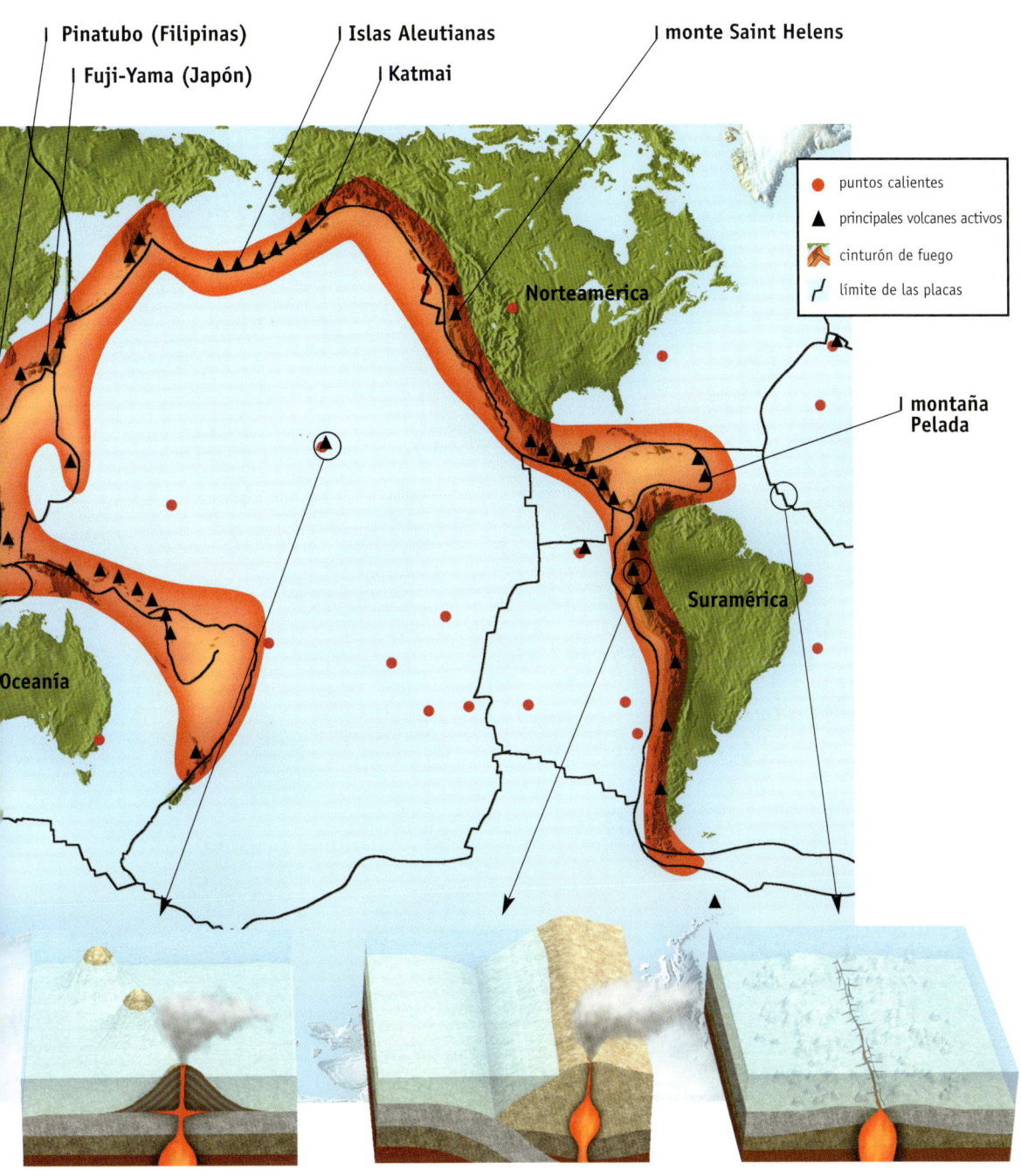

Pinatubo (Filipinas)

Fuji-Yama (Japón)

Islas Aleutianas

Katmai

monte Saint Helens

Norteamérica

puntos calientes
principales volcanes activos
cinturón de fuego
límite de las placas

montaña Pelada

Suramérica

Oceanía

Independientemente de las interacciones entre las placas, el fenómeno de los **puntos calientes** sobrevive en medio de placas oceánicas o continentales. Bolsas de magma que provienen del manto inferior de la Tierra ascienden hacia la superficie y producen macizos volcánicos como los de Hawai.

El **vulcanismo de subducción continental** se produce a lo largo de los continentes, cuando una placa oceánica se encuentra con una placa continental. El ascenso del magma hace que nazcan volcanes como el Cotopaxi a lo largo de la cordillera de los Andes.

EL **vulcanismo de falla** interviene a lo largo de las dorsales oceánicas, que se extiende por casi 60.000 km. En estas frágiles zonas, el desplazamiento de las placas le permite al magma infiltrarse y crear largas cadenas de montañas volcánicas, como la que va desde Islandia hasta el sur del océano Atlántico.

Erupciones volcánicas

Cuando estallan las cumbres de las montañas

La erupción de un volcán puede compararse con el descorche de una botella de champaña: los gases disueltos en el magma son el detonador. Conforme el magma sube, los gases se liberan y lo empujan hacia arriba, incrementando la presión. Cuando el corcho sale, el líquido sale violentamente.

Cuando perfora la superficie de la Tierra, la erupción volcánica forma un cráter por el cual se expulsan diversos materiales. No todos los volcanes hacen erupción de la misma manera. La consistencia del magma que contienen es en parte responsable de la forma en que escapan los gases y por lo tanto, de la violencia del fenómeno.

VOLCANES EFUSIVOS

En las erupciones efusivas, el magma es fluido y el gas que contiene escapa fácilmente. La lava se extiende en flujos, o ríos, a una velocidad de 50 a 100 km/h, volcán abajo, por distancias de hasta 100 kilómetros.

Las erupciones hawaianas se caracterizan por abundantes flujos de lava y la eyección de material incandescente; a veces, rocas de varios tamaños son expulsadas junto a los flujos de lava. En general, los volcanes efusivos son redondos, anchos y planos.

VOLCANES EXPLOSIVOS

Las erupciones explosivas dan más miedo. El magma es espeso y viscoso y tiene un alto contenido de gases. La presión se acumula y provoca fuertes explosiones que expulsan rocas, lava y gases en todas direcciones.

La erupción produce una columna eruptiva que puede ser de decenas de kilómetros de altura; los escombros son expulsados y las cenizas pueden depositarse a cientos de kilómetros a la redonda. Los volcanes de erupciones explosivas a menudo tienen pendientes profundas.

FORMACIÓN DE UNA CALDERA

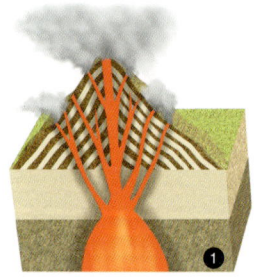

Los cráteres de más de 1 km de diámetro se llaman calderas. Se forman cuando la cima de un volcán se colapsa y pueden tener hasta 60 km de diámetro. Durante una erupción, el magma es expulsado desde una cámara de magma vía la chimenea central y las secundarias ❶. Las chimeneas se vacían gradualmente ❷. La parte central del volcán ya no puede soportar el peso del cono volcánico y la cima colapsa ❸. El material del cono cubre el fondo de la caldera, que tiene lados muy pronunciados. Algunas calderas se llenan de agua y forman lagos ❹.

Zonas calientes

Volcanes en fila

En algunas zonas específicas del planeta, acumulaciones de magma del manto inferior (la capa localizada arriba del núcleo exterior) suben a la superficie muy lentamente, rompen la corteza de la Tierra y producen erupciones volcánicas en mitad de las placas litosféricas. Estas zonas calientes son inmóviles; las filas de volcanes que generan, atestiguan el movimiento de las placas tectónicas sobre ellos.

GENERACIONES DE LOS VOLCANES EN EL OCÉANO

Zonas calientes en el océano crean una característica cadena de islas volcánicas. Cuando el magma sube a la superficie, rompe la placa oceánica y produce un volcán ❶. La placa se mueve, pero la zona caliente permanece quieta. Por lo tanto, deja de alimentar la primera estructura volcánica y crea un volcán nuevo ❷. El volcán extinto se erosiona lentamente y en sus laderas crecen arrecifes de coral, formando un atolón, una isla con forma de anillo alrededor de una extensión de agua poco profunda llamada laguna ❸. El volcán erosionado que se ha sumergido bajo la superficie, se llama clavija ❹.

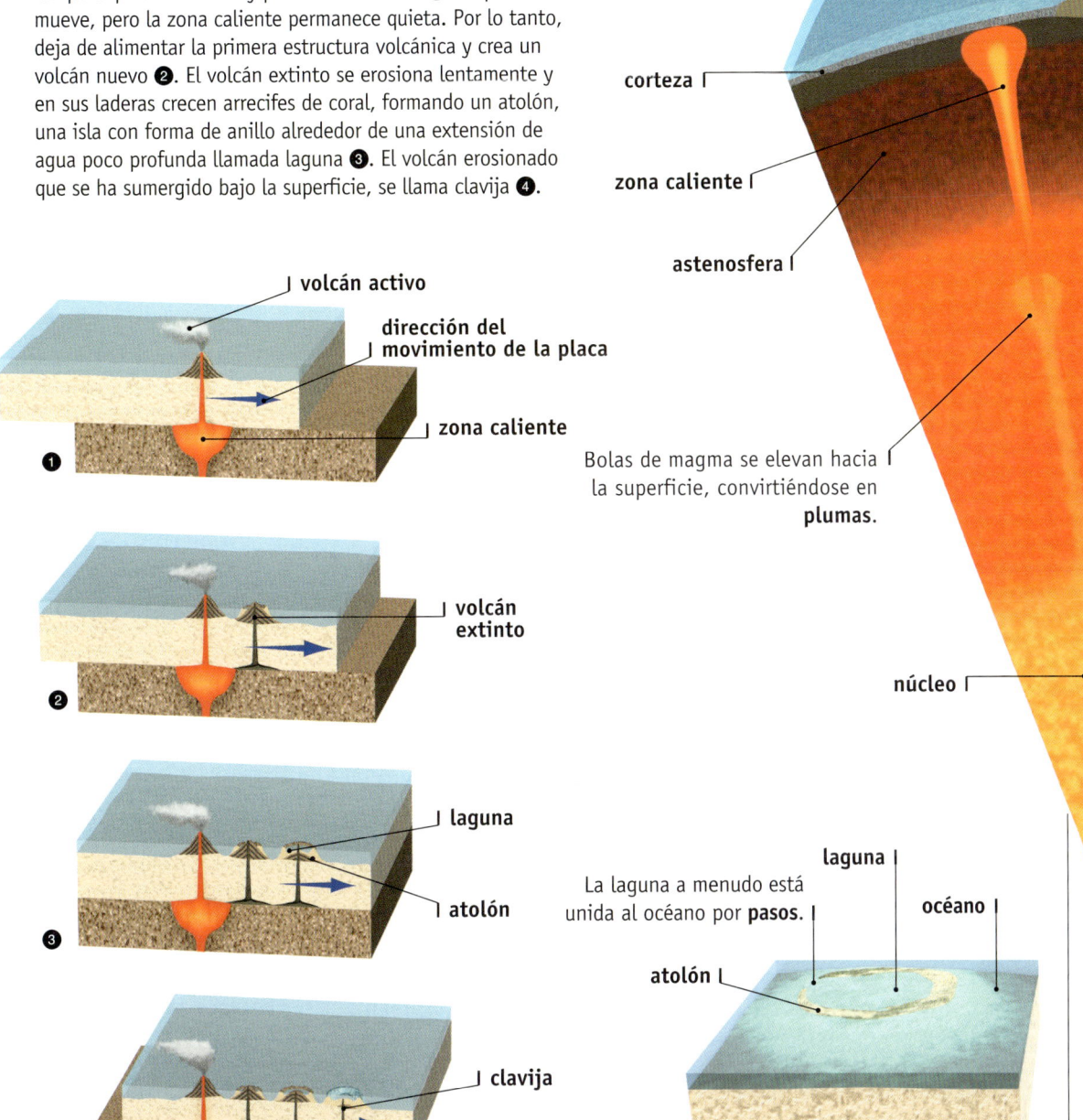

océano

corteza

zona caliente

astenosfera

Bolas de magma se elevan hacia la superficie, convirtiéndose en **plumas.**

núcleo

volcán activo

dirección del movimiento de la placa

zona caliente

❶

volcán extinto

❷

laguna

atolón

❸

clavija

❹

La laguna a menudo está unida al océano por **pasos.**

laguna

océano

atolón

Géiseres

Cuando la Tierra escupe agua

Los géiseres son un fenómeno espectacular. De hecho, son volcanes de agua que expulsan inmensos chorros de vapor y agua muy caliente, de forma continua o intermitente. La mayoría de los géiseres se localizan en regiones volcánicas donde el magma está relativamente cerca de la superficie del planeta. Hay muchos en Islandia, de donde proviene la palabra *geyser* (que significa "empujar"), Nueva Zelanda, y Estados Unidos: el Parque Nacional de Yellowstone tiene más de 250.

manantial de aguas termales | cono del géiser
depósito de agua
fumarola

❶

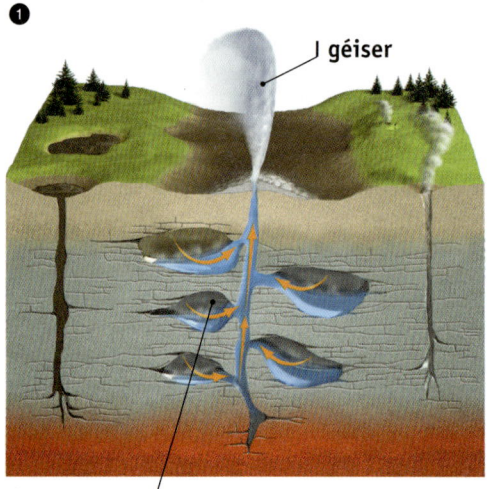

géiser

❷ vapor

LA FORMACIÓN DE GÉISERES

Deben presentarse tres condiciones para que se forme un géiser: Debe haber un circuito subterráneo en donde el agua que se cuele a la tierra pueda circular y luego subir a la superficie; un depósito de agua, donde se pueda acumular esta agua; y una cámara de magma (roca derretida) cercana.

El agua se cuela hacia la tierra y se acumula en los depósitos cercanos a la cámara de magma ❶. Al calentarse, el agua se convierte lentamente en vapor. La presión crece, propulsando un potente chorro de agua y vapor hacia la superficie ❷.

El fenómeno puede durar varios minutos o varias horas. El chorro de agua empieza a disminuir cuando el depósito ya no tiene más agua o vapor ❸.

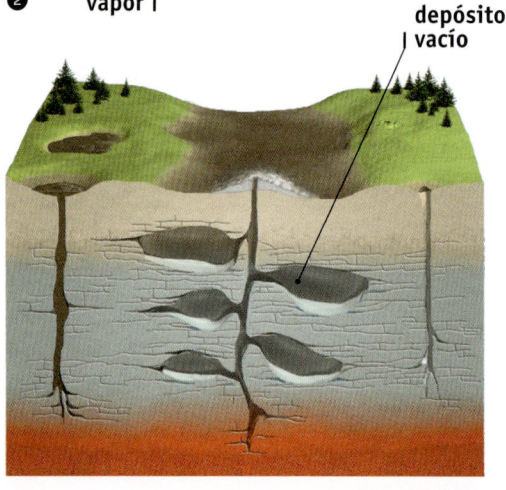

depósito vacío

❸

Old Faithful es uno de los géiseres más famosos del mundo. Este géiser del Parque Nacional de Yellowstone es inusualmente regular: desde 1870, ha expulsado miles de litros de agua cada 50 ó 100 minutos, durante 4 minutos.

PAISAJES VOLCÁNICOS

Además de los géiseres, la actividad volcánica genera varios fenómenos geotérmicos. Aguas y gases en la tierra, calentados por rocas volcánicas, forman exóticos paisajes con flujos de lodo, agua y vapor.

Los gases suben a la superficie y forman **manantiales de aguas termales,** donde se mezclan partículas de roca volcánica descompuesta con agua.

El agua que se cuela a la tierra cerca de una zona volcánica es calentada por las rocas y sube a la superficie a temperaturas a veces muy elevadas. Se considera que muchas **aguas termales** tienen propiedades terapéuticas, incluyendo las de Bath en Inglaterra, y Vichy en Francia.

Las **fumarolas** son emanaciones de gas que a menudo se encuentran en los flancos de los volcanes. Como los géiseres, salen en chorros a la tierra vía un conducto vertical, en una columna de vapor sulfuroso.

Chorros de vapor y agua surgen de la tierra, a veces logran una altura de más de 100 m. El géiser activo más alto es el Steamboat, cuyo chorro alcanza los 110 m, está en el Parque Nacional de Yellowstone. Al inicio del siglo XX, el Wainangu, un géiser en Nueva Zelanda, lanzó agua a más de 450 m en el aire.

Depósitos minerales se forman al pie de un géiser.

Los sismos

Una liberación intensa de energía

Llamados normalmente terremotos, los sismos se producen cuando la superficie del globo es sacudida por una descarga de energía que nace en las profundidades de la Tierra. El movimiento de las placas de la litosfera, que se desplazan de 1 a 18 cm cada año, y las enormes tensiones que acumulan en sus puntos de coincidencia son los responsables directos de la actividad sísmica. Los sismos se manifiestan principalmente en las regiones volcánicas y cerca de cadenas montañosas jóvenes, en el borde de las placas.

Se estima en casi un millón el número de sismos que sacuden a la Tierra cada año, pero sólo un 5% de ellos se perciben; los otros son de una magnitud muy débil. Cuando se producen en un ambiente urbano, los terremotos causan auténticos desastres, ocasionando a veces la muerte de miles de personas.

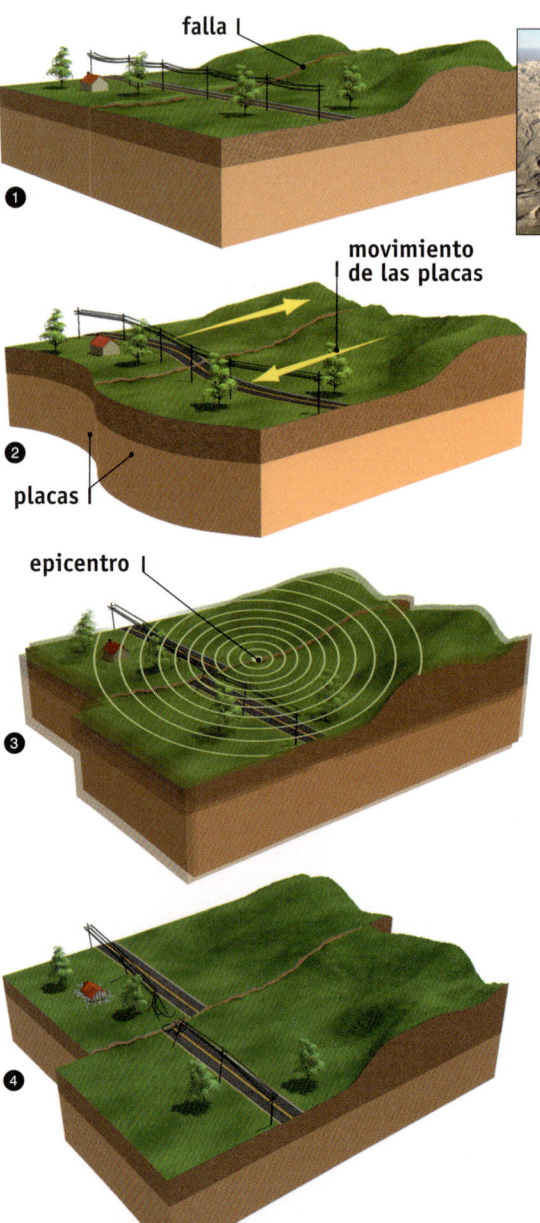

La **falla de San Andrés**, en California, se encuentra entre las más conocidas fracturas de la corteza terrestre.

CÓMO SE PRODUCE UN SISMO

Normalmente, los terremotos se producen a lo largo de las fallas de la corteza terrestre, en el punto de convergencia de dos placas litosféricas ❶.

El movimiento de las placas comprime y estira la roca, sometiéndola de esta manera a tensiones y fricciones considerables. En esta etapa, los bordes de las placas permanecen juntos e inmóviles ❷.

Cuando la fuerza se hace mayor, una cantidad inmensa de energía se libera de manera brutal, produciendo en la corteza terrestre una serie de sacudidas y vibraciones que se propagan hasta la superficie ❸.

Después del sismo, la región afectada sufre una modificación morfológica ❹.

Poco a poco, las tensiones vuelven a acumularse.

El terremoto ocurrido en la región de Los Ángeles, en California, en enero de 1994, tuvo efectos devastadores.

LOCALIZACIÓN DE UN SISMO

Cuando se describe la localización de un sismo, se distinguen dos zonas concretas: el hipocentro y el epicentro. El hipocentro se puede situar hasta 700 km por debajo de la superficie. Cuanto más profundo es el centro, más lejos se propagan las ondas. De todas formas, la mayoría de los sismos tienen su hipocentro a menos de 20 km de profundidad. Cada partícula oscila, y esta oscilación se transmite muy rápidamente de una partícula a otra a distancias muy largas, como círculos concéntricos en la superficie del agua.

El **epicentro** (o centro relativo) designa a la región situada en superficie, vertical al hipocentro. En este lugar, la onda de choque se siente de manera más fuerte.

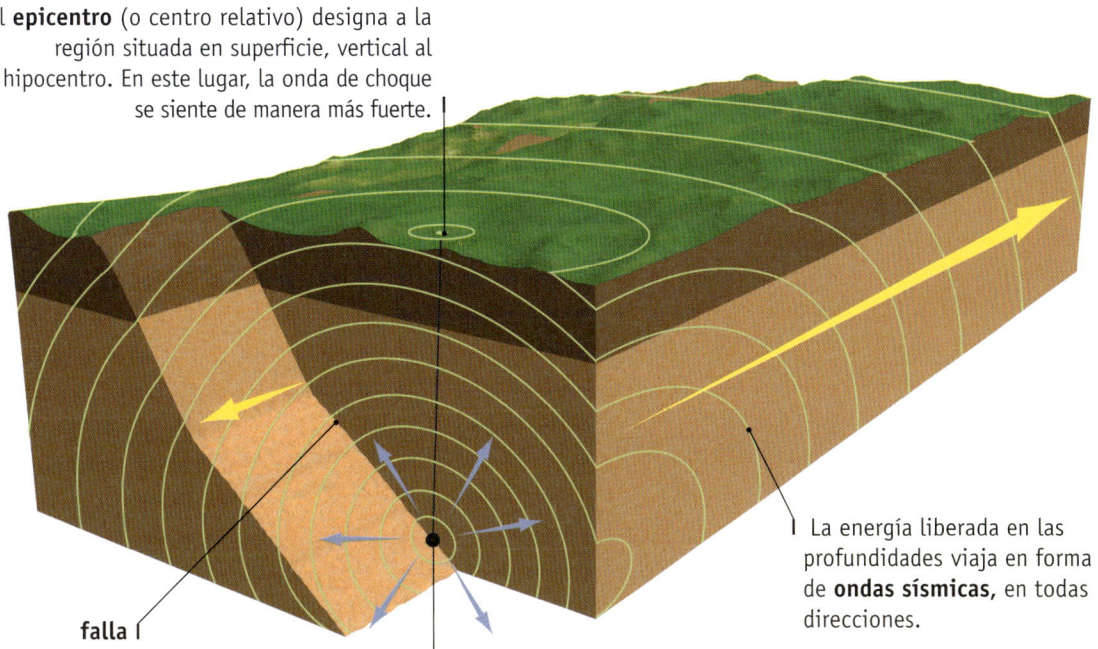

falla

La energía liberada en las profundidades viaja en forma de **ondas sísmicas,** en todas direcciones.

La zona en el interior de la Tierra en donde se produce la ruptura inicial se llama **hipocentro** (o centro real) del sismo. De este punto proviene la energía liberada repentinamente.

	LA ESCALA DE RICHTER	
magnitud	**efectos**	**frecuencia anual**
< 2	Microsismo, no perceptible, registrado por los instrumentos locales.	600.000
2–2,9	Sismo potencialmente perceptible.	300.000
3–3,9	Sismo percibido por poca gente.	50.000
4–4,9	Sismo percibido por la mayoría de las personas.	6.200
5–5,9	Sismo moderado, algunos daños causados por las sacudidas.	800
6–6,9	Sismo importante, daños en zonas habitadas.	100–300
7–7,9	Sismo mayor, daños importantes en zonas habitadas.	15–20
> 8	Sismo poco común, destrucción total en zona habitada.	1–4

Existen varios métodos para calcular la intensidad de un terremoto. Algunos toman en cuenta la magnitud de los daños materiales (fragmentos, cristales rotos, edificios derrumbados, etc.) y necesitan una valoración sobre el terreno. Es el caso de la escala de Mercalli.

Concebida por el geofísico americano Charles Francis Richter, la escala de Richter mide de manera más precisa la magnitud del sismo, es decir, la cantidad de energía liberada. Cada número entero de la escala corresponde a una fuerza 32 veces más potente del número precedente. De esta forma, un sismo de magnitud 6, es 32 veces más potente que un sismo de magnitud 5.

Ondas sísmicas

Medida y localización de terremotos

Cuando la tensión entre las placas alcanza su máximo, se libera una increíble cantidad de energía en forma de ondas de choque llamadas ondas sísmicas. Éstas viajan grandes distancias, causando vibraciones en las rocas hasta la superficie.

La intensidad de los terremotos se mide con un sismógrafo, un instrumento que resgistra los movimientos horizontales y verticales de la Tierra. Un sismograma (el diagrama que produce un sismógrafo) crea una representación de las ondas que sacuden a la Tierra. Hace una línea quebrada, donde cada pico corresponde a un movimiento de la Tierra.

REGISTRO DE MOVIMIENTOS VERTICALES

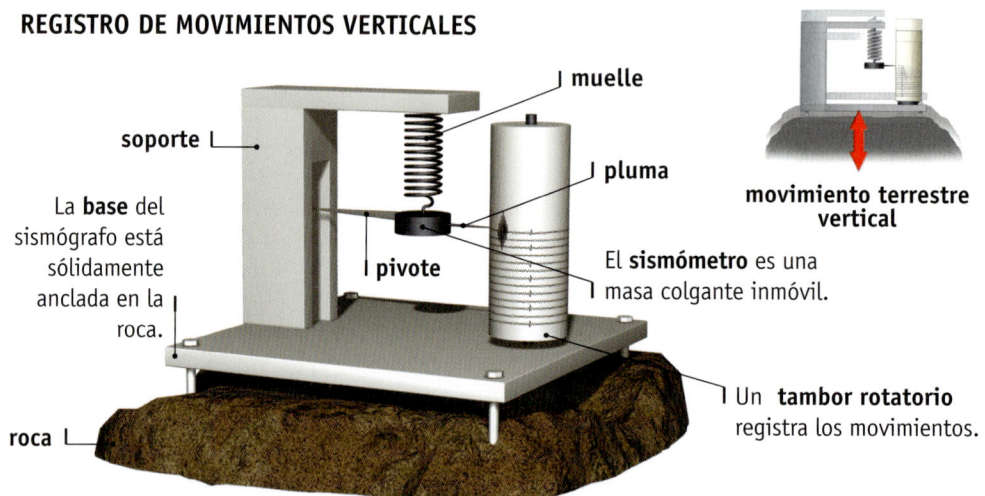

muelle

soporte

pluma

La **base** del sismógrafo está sólidamente anclada en la roca.

pivote

El **sismómetro** es una masa colgante inmóvil.

movimiento terrestre vertical

Un **tambor rotatorio** registra los movimientos.

roca

Cuando ocurre un terremoto, el movimiento de la Tierra causado por ondas sísmicas se transmite a la base del sismógrafo. El sismómetro, como un péndulo, permanece suspendido por la inercia, de modo que sirva como un punto de referencia independiente, en relación con el movimiento de la Tierra. La pluma, conectada al péndulo, registra los movimientos en un tambor rotatorio.

REGISTRO DE MOVIMIENTOS HORIZONTALES

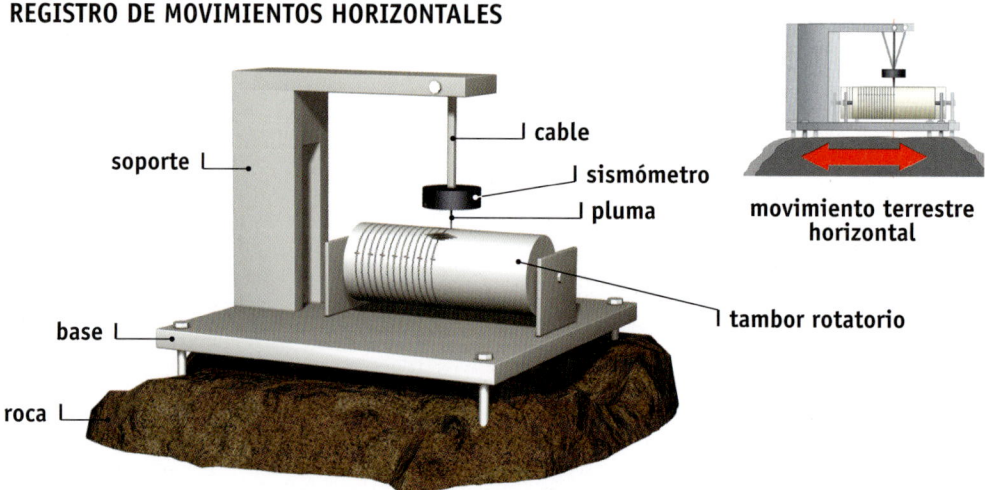

soporte

cable

sismómetro

pluma

movimiento terrestre horizontal

base

tambor rotatorio

roca

El aparato que se usa para registrar los movimientos horizontales funciona de la misma manera. Cuando la Tierra se mueve, la pluma se mueve horizontalmente, excepto por el sismómetro, que permanece suspendido.

TRES TIPOS DE ONDAS SÍSMICAS

Las ondas sísmicas producidas por un terremoto viajan grandes distancias y pueden detectarse en lugares ubicados muy lejos del punto de origen. Tres tipos de ondas viajan a diferentes velocidades en la superficie y a través de la Tierra.

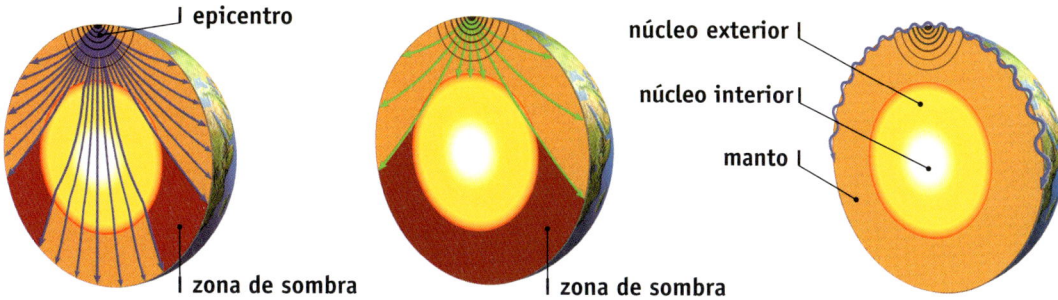

epicentro

zona de sombra

núcleo exterior
núcleo interior
manto

zona de sombra

Las **ondas P** (ondas primarias) se transmiten a través de todos los materiales y son las primeras que registran los sismógrafos. Las diferencias en las propiedades mecánicas entre el manto y el núcleo evitan que lleguen a ciertas zonas del planeta, que se llaman zonas de sombra.

Las **ondas S** (ondas secundarias) se propagan sólo en materiales sólidos y viajan más lento que las ondas P. Bloquean el núcleo líquido de la Tierra y dejan una mayor zona de sombra.

Cuando alcanzan la superficie, las ondas P y S se convierten en **ondas L** (ondas de Love), que sólo actúan en la superficie y son las más lentas de las tres.

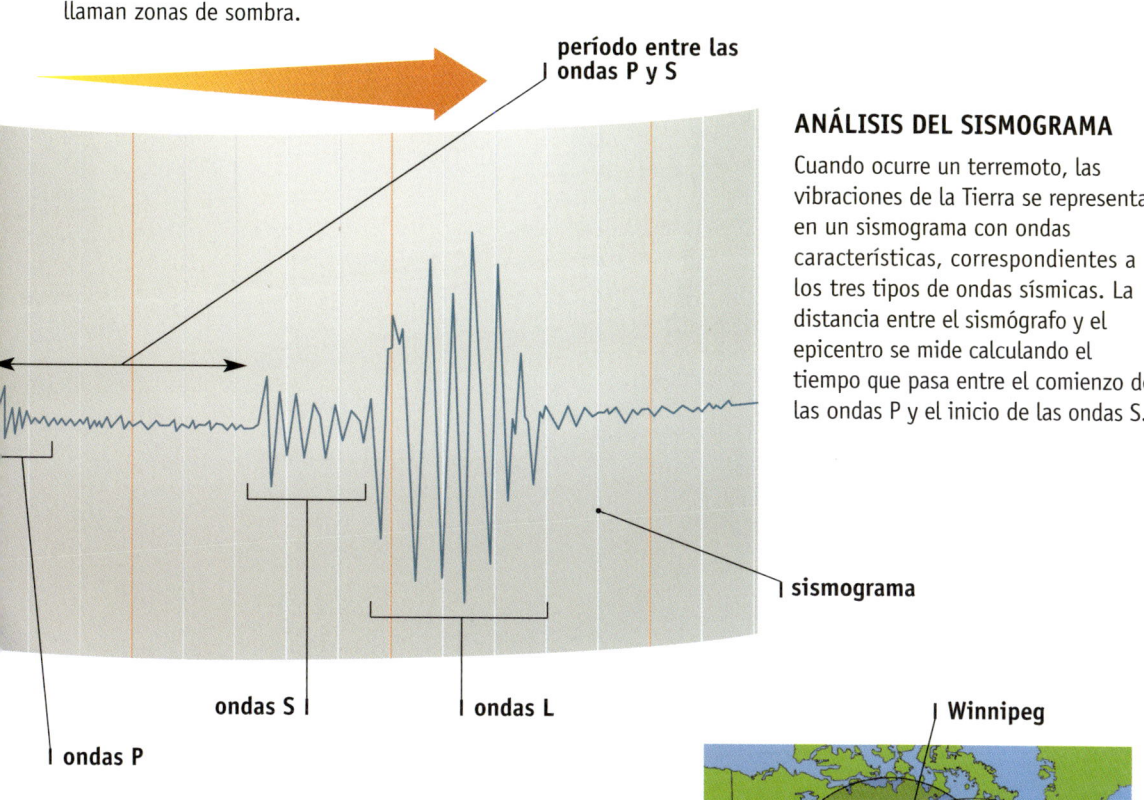

período entre las ondas P y S

ondas S

ondas L

ondas P

sismograma

ANÁLISIS DEL SISMOGRAMA

Cuando ocurre un terremoto, las vibraciones de la Tierra se representan en un sismograma con ondas características, correspondientes a los tres tipos de ondas sísmicas. La distancia entre el sismógrafo y el epicentro se mide calculando el tiempo que pasa entre el comienzo de las ondas P y el inicio de las ondas S.

LOCALIZACIÓN DEL EPICENTRO

El epicentro de un terremoto se determina analizando los datos de tres estaciones localizadas en diferentes lugares.

Para la ubicación precisa, los sismólogos de cada estación dibujan un círculo con un radio que equivale a la distancia mostrada en el sismograma. El punto donde los tres círculos se interceptan es el epicentro.

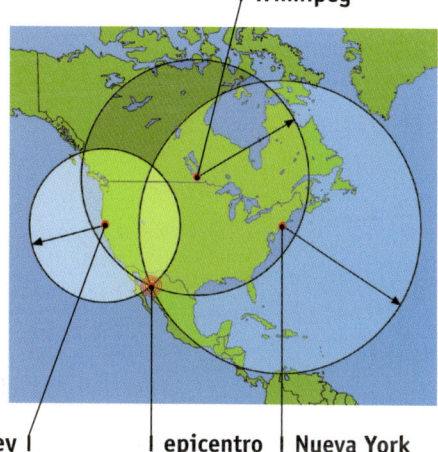

Winnipeg

Berkeley | epicentro | Nueva York

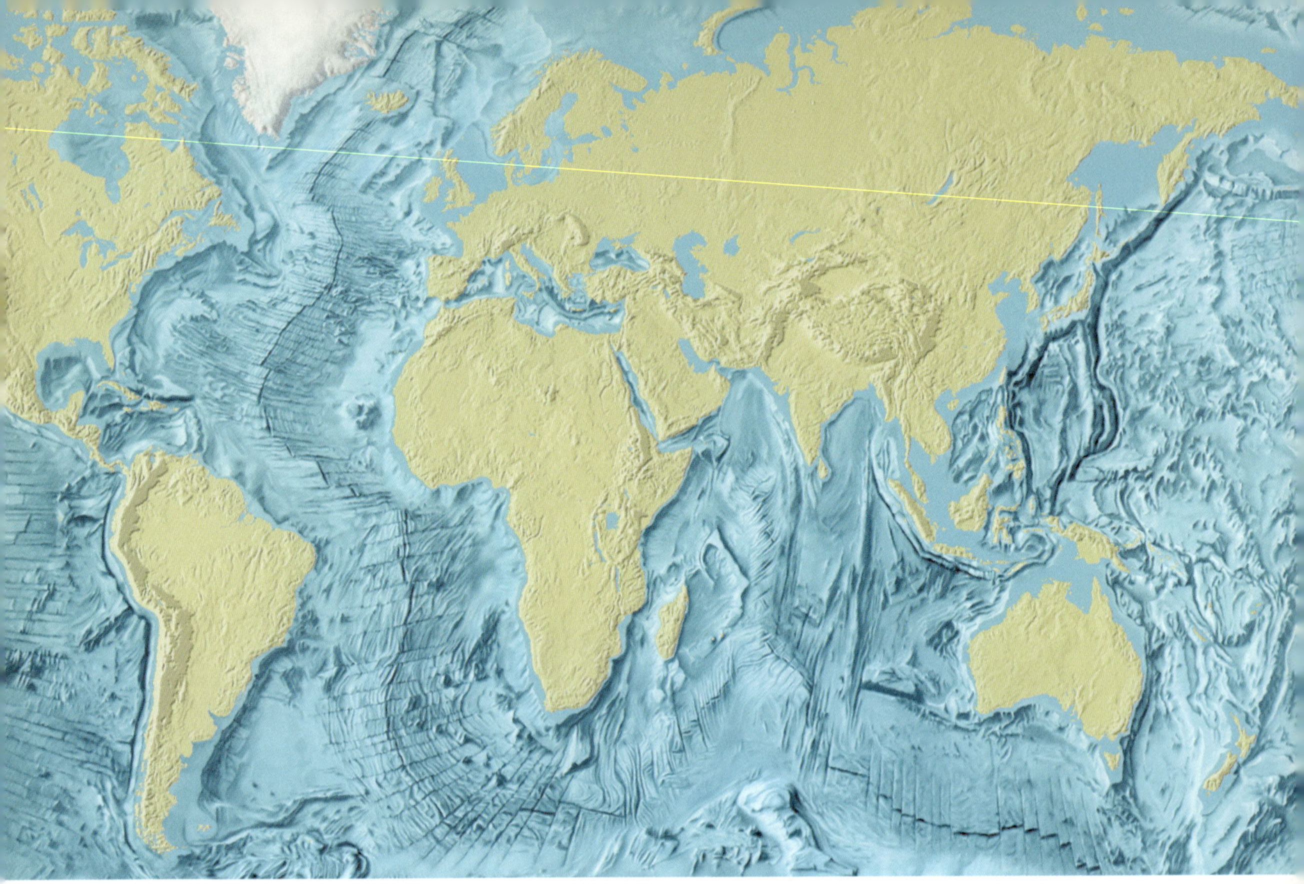

¿Cuándo se convierte un arroyo en un río? ¿Cómo se ve el fondo marino? ¿Por qué existen las mareas? De las cumbres de las montañas a las profundidades abisales, el agua está presente por todo nuestro planeta; de hecho, cubre las dos terceras partes de la superficie de la Tierra. El océano es el escenario de **fenómenos fascinantes,** como las corrientes oceánicas, los tsunamis y las olas, y es un factor esencial en el intercambio de energía alrededor del mundo.

Aguas y océanos

Las corrientes de agua

Cómo ríos y riachuelos irrigan el planeta

Al fluir desde la cima de las montañas hasta el mar, el agua alimenta glaciares, lagos, riachuelos y ríos. Al llegar al mar, se evapora y forma nubes, que abastecen de nuevo a las corrientes de agua. Desde hace millones de años, este vasto ciclo de agua dibuja los paisajes excavando valles, erosionando montañas, modificando litorales.

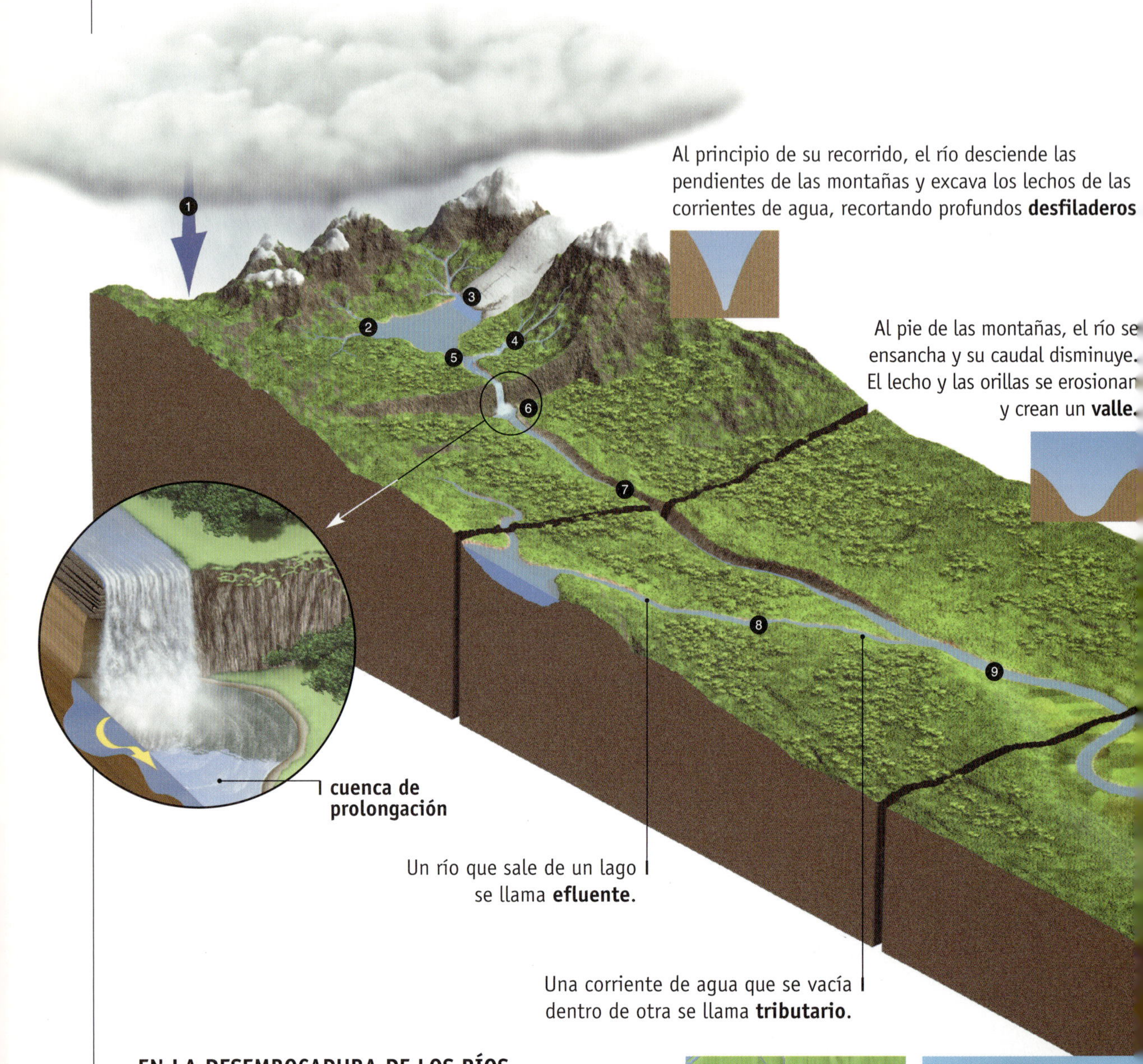

Al principio de su recorrido, el río desciende las pendientes de las montañas y excava los lechos de las corrientes de agua, recortando profundos **desfiladeros**

Al pie de las montañas, el río se ensancha y su caudal disminuye. El lecho y las orillas se erosionan y crean un **valle**.

cuenca de prolongación

Un río que sale de un lago se llama **efluente**.

Una corriente de agua que se vacía dentro de otra se llama **tributario**.

EN LA DESEMBOCADURA DE LOS RÍOS

Cuando un río encuentra una corriente más intensa que la suya, los sedimentos que arrastra se dispersan. El río se abre como un embudo y forma lo que se denomina **estuario**.

Cuando no encuentra una corriente más fuerte, el río deposita sus sedimentos en la embocadura. Los aluviones, es decir, los depósitos de sedimentos, se disponen en forma de abanico formando varios canales de tamaño y forma diferentes. Esto se conoce como **delta**.

El estuario de San Lorenzo, en Canadá.

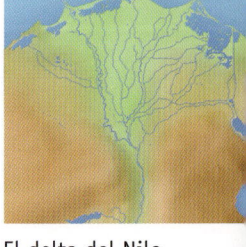

El delta del Nilo, en Egipto.

LAS CUENCAS HIDROGRÁFICAS

Las corrientes de agua (manantiales, riachuelos, ríos y lagos) forman una red hidrográfica jerarquizada: cada una de ellas desemboca en una corriente de agua de mayor importancia hasta llegar al mar. Se organizan según una geometría constante que varía dependiendo del clima, de los relieves y de la naturaleza de las rocas. Se cuentan una docena de estas redes características.

Cada cuenca hidrográfica está limitada por una frontera natural constituida por las cumbres de las mayores altitudes: se trata de la divisoria de aguas. En Norteamérica, esta línea atraviesa de norte a sur las Montañas Rocosas; al este, las corrientes de agua desembocan en el Atlántico; al oeste, alcanzan el Pacífico.

La **red dendrítica** (o arborescente) es una de las más comunes. Se encuentra en las zonas donde el relieve y la naturaleza de las rocas son homogéneos.

La **red estrellada** (o radial) es característica de las montañas, en las corrientes de agua divergentes a partir de la cumbre.

La **red reticular**, de forma jaquelada, aparece frecuentemente en suelos constituidos por rocas alternativamente duras y blandas, a menudo cortadas por fallas.

EL CICLO DEL AGUA

El agua de lluvia ❶ se filtra en el suelo y aflora a la superficie en forma de manantial ❷ bajando por colinas y montañas. Alimentado a veces por el agua de la fuente de glaciares ❸, el manantial se transforma en torrente ❹, en el cruce de varios manantiales, convirtiéndose en un joven río ❺ que sigue su cauce a través de la montaña, prosigue entre pendientes abruptas y se zambulle en saltos de agua ❻. El riachuelo excava profundos desfiladeros ❼, y después se ensancha. Alimentado por afluentes ❽, se convierte en un río ❾. Cada vez más ancho, el río genera meandros ❿. En su desembocadura forma a menudo un delta ⓫, saturado por los sedimentos que ha transportado, y llega al mar ⓬. La evaporación ⓭ del agua de los océanos forma de nuevo nubes. El ciclo del agua vuelve a empezar.

Cuando alcanza la **llanura**, el riachuelo llega a su nivel de baja y forma meandros en los que se depositan sedimentos.

Ríos y lagos del mundo

El agua dulce de la superficie del globo

En los continentes, bañados por los océanos, también hay vastas redes hidrográficas. Respecto a la suma total de agua que existe sobre la Tierra, la cantidad de agua que hay en los riachuelos, ríos y lagos es mínima (apenas 0,03%), pero de todas formas representa un volumen muy importante. Al fluir desde las montañas, las aguas de la superficie riegan los valles y las llanuras de todo el globo terrestre. Un río como el Amazonas se beneficia del aporte de 15.000 afluentes. Incluso las zonas desérticas ofrecen de vez en cuando un oasis que se nutren de un manto de agua subterránea.

Aguas y océanos

LOS RÍOS MÁS LARGOS	longitud (km)	cuenca (km²)
❶ Nilo	6.670	3.349.000
❷ Amazonas	6.570	6.000.000
❸ Yangtsé	6.300	1.808.000
❹ Mississippi – Missouri	5.970	3.290.000
❺ Yenisey – Angara	5.870	2.554.000
❻ Obi	5.410	2.972.000
❼ Paraná – Río de la Plata	4.880	2.800.000
❽ Huang Ho	4.840	752.000
❾ Congo	4.630	3.730.000
❿ Amur	4.440	1.930.000

LOS MAYORES LAGOS	superficie (km²)	profundidad (m)
① Mar Caspio	386.400	1.025
② lago Superior	82.100	405
③ lago Victoria	69.500	82
④ lago Hurón	59.800	228
⑤ lago Michigan	57.750	281
⑥ Mar de Aral	33.800	54
⑦ lago Tanganica	32.900	1.436
⑧ lago Baikal	31.700	1.620
⑨ Gran Lago del Oso	31.600	82
⑩ Gran Lago del Esclavo	28.900	614

LOS LAGOS

Las aguas de la superficie fluyen generalmente hacia el mar, pero a veces son retenidas por una depresión o una barrera y entonces forman un lago. Incluso si la mayor parte de los lagos se llenan de agua dulce, algunos presentan una elevada salinidad debido a una importante evaporación de agua y a la acumulación de sales minerales disueltas. El Gran Lago salado de Utah, en Estados Unidos, es incluso más salado que el océano. No es por lo tanto la naturaleza del agua lo que distingue a los mares de los lagos, sino si están o no influenciados por el océano mundial (conjunto que comprende los grandes océanos).

Las aguas de los **lagos de origen glaciar** se han acumulado en las depresiones excavadas por los glaciares y en los valles o morrenas, a veces de 200 m de altura, creando embalses. La mayor parte de los lagos del hemisferio norte son de este tipo.

Los **lagos de origen tectónico** ocupan cuencas naturales que se producen a causa de movimientos de la corteza terrestre a lo largo de los pliegues y de las fallas. A menudo situados por debajo del nivel del mar, forman a veces sistemas cerrados, sin efluentes.

Los cráteres de algunos volcanes se han llenado de agua. Estos **lagos de origen volcánico** también pueden formarse en valles en donde las masas de lava retienen el agua.

Los **brazos muertos,** algunas veces aparecen en los bordes de riachuelos y ríos. Se les denominan brazos muertos porque se trata de meandros abandonados por la corriente de agua. Si no son abastecidos de manera regular, estos lagos se secan rápidamente.

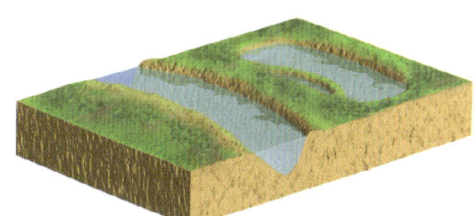

Un **oasis** se forma en los desiertos cuando el viento erosiona el suelo y permite que aflore el manto freático. Aparecen también aprovechando una línea de falla que hace brotar el agua en un punto determinado.

Los **embalses,** lagos artificiales cuyas aguas a menudo son retenidas por presas, suministran el agua necesaria para el consumo, la irrigación de tierras o la producción de energía hidroeléctrica.

DISTRIBUCIÓN DEL AGUA

océanos (97,2%)

agua dulce (2,8%)

glaciares y banquisas (77%)

agua subterránea (22%)

agua de la superficie (ríos, lagos, riachuelos) (1%)

El océano mundial

Amplias extensiones de agua cubren el planeta

Las tierras emergidas no son más del 30% de la superficie terrestre. El resto está cubierto por una enorme masa de agua salada de más de mil millones de kilómetros cúbicos (97,2% del agua del planeta): el océano mundial. Este vasto conjunto oceánico está dividido por los continentes en cuatro regiones principales (los océanos Pacífico, Atlántico, Índico y Ártico) y en numerosas cuencas oceánicas de menor importancia, a menudo poco profundas y retraídas: los mares. También se califica como mares a algunos lagos salados, aunque estén situados entre tierras y no tengan ningún vínculo con el océano mundial. Es el caso del Mar Caspio y del Mar Muerto.

LA TEMPERATURA DEL OCÉANO

La temperatura del agua marina depende de la estación y de la latitud, pero sobre todo de la profundidad. Calentada por los rayos solares, el agua de la superficie ❶ tiene una temperatura media que varía de 25 ºC a 28 ºC en el ecuador, de 12 ºC a 17 ºC en las zonas templadas, y sólo de –1 ºC a 4 ºC en las regiones polares. El manto de agua inferior se llama termoclina ❷. Se trata de una zona de transición, en donde la disminución de la luz hace que la temperatura caiga brutalmente a 5 ºC. En la zona más profunda ❸ donde reina una temperatura casi uniforme, que va de 0 ºC a 4 ºC, no importa cuál sea su latitud y en qué estación se encuentre.

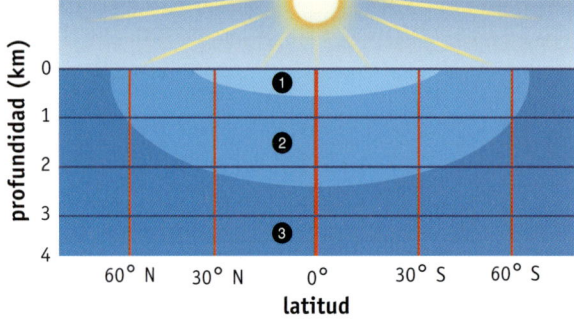

LA COMPOSICIÓN DEL AGUA DEL MAR

La salinidad de las aguas oceánicas varía de un lugar a otro: entre 3,2% y 3,7%. En las regiones tropicales, la temperatura elevada y la tasa de precipitación favorecen la evaporación del agua y, como consecuencia, la concentración de sales. Por el contrario, las regiones templadas, cuyas temperaturas son menores y las precipitaciones más abundantes, tienen un agua menos salada.

El agua de mar contiene casi todos los elementos químicos conocidos: el cloro, el sodio, el azufre, el magnesio y el calcio.

océano Pacífico norte

océano Pacífico sur

agua (96,5%)
salinidad (3,5%)

cloro (55%)
sodio (30,6%)
azufre (7,7%)
magnesio (3,7%)
calcio (1,2%)
potasio (1,1%)
otros elementos (0,7%)

PRINCIPALES OCÉANOS Y MARES DEL MUNDO

1. Mar de Bering
2. Golfo de Alaska
3. Mar de Beaufort
4. Bahía de Hudson
5. Mar del Labrador
6. Golfo de México
7. Mar Caribe

8. Mar de Weddel
9. Mar de Groenlandia
10. Mar de Noruega
11. Mar del Norte
12. Mar Báltico
13. Mar Adriático
14. Mar Negro

15. Mar Mediterráneo
16. Mar Rojo
17. Golfo Pérsico
18. Mar de Omán
19. Golfo de Bengala
20. Mar de China
21. Mar de Filipinas

22. Mar del Japón
23. Mar de Ojotsk
24. Mar de Coral
25. Mar de Tasmania
26. Mar de Ross

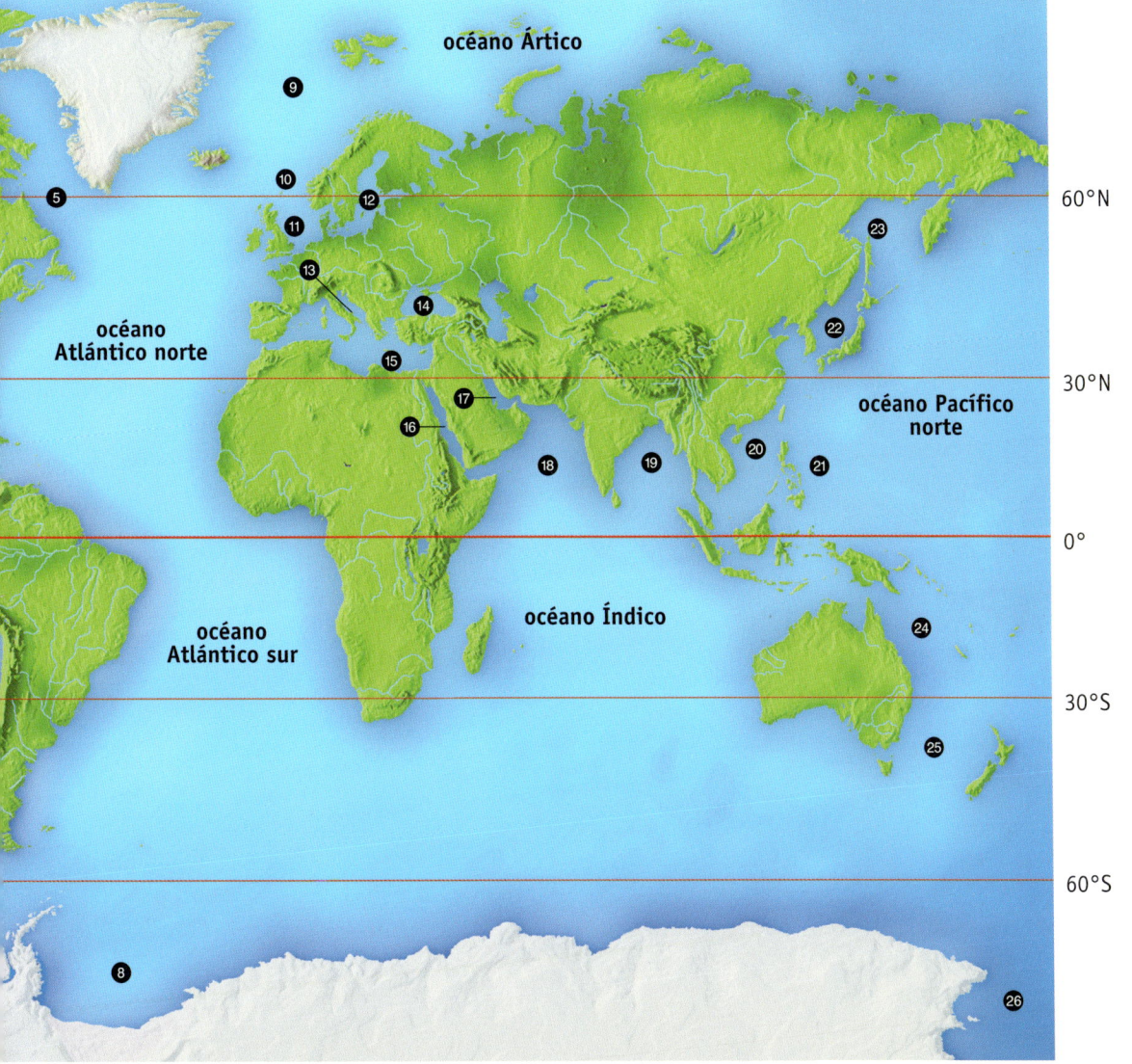

océanos	superficie	volumen	punto más profundo
Pacífico	165.000.000 km²	707.000.000 km³	11.034 m (fosa de las Marianas)
Atlántico	82.400.000 km²	323.600.000 km³	9.218 m (fosa de Puerto Rico)
Índico	73.400.000 km²	292.000.000 km³	7.450 m (fosa de Java)
Ártico	14.000.000 km²	16.700.000 km³	5.450 m (cuenca de Nansen)

El fondo del océano

Paisajes submarinos

Es difícil imaginar que las montañas y los valles que tenemos delante de nuestros ojos existan también bajo el océano. Sin embargo, los fondos submarinos encierran relieves más diversificados de lo que se pudiera creer. Montañas, llanuras, plataformas, volcanes, fosas y cañones componen paisajes sorprendentes, muy parecidos a los de los continentes, con la diferencia de que casi siempre su dimensión supera a los que hay en superficie.

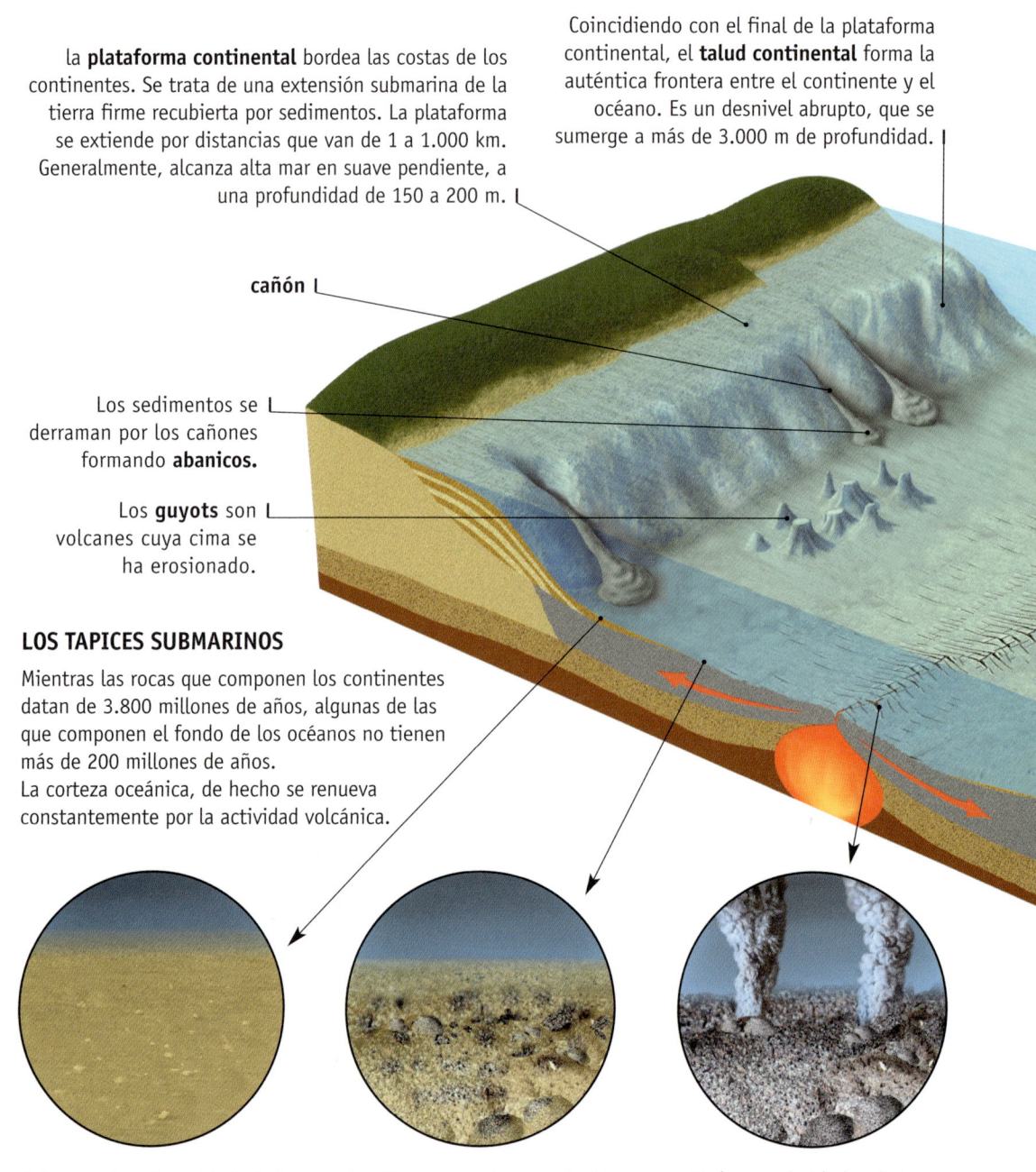

la **plataforma continental** bordea las costas de los continentes. Se trata de una extensión submarina de la tierra firme recubierta por sedimentos. La plataforma se extiende por distancias que van de 1 a 1.000 km. Generalmente, alcanza alta mar en suave pendiente, a una profundidad de 150 a 200 m.

Coincidiendo con el final de la plataforma continental, el **talud continental** forma la auténtica frontera entre el continente y el océano. Es un desnivel abrupto, que se sumerge a más de 3.000 m de profundidad.

cañón

Los sedimentos se derraman por los cañones formando **abanicos.**

Los **guyots** son volcanes cuya cima se ha erosionado.

LOS TAPICES SUBMARINOS

Mientras las rocas que componen los continentes datan de 3.800 millones de años, algunas de las que componen el fondo de los océanos no tienen más de 200 millones de años.
La corteza oceánica, de hecho se renueva constantemente por la actividad volcánica.

El fondo submarino alejado de las dorsales oceánicas está recubierto por sedimentos (residuos de organismos marinos, arena, partículas volcánicas y gravilla) cuyo espesor puede alcanzar 500 m.

Las llanuras están constituidas por rocas volcánicas cuya superficie ha sido desgastada por el tiempo. Se empiezan a acumular sedimentos.

En las proximidades de las dorsales oceánicas, hay rocas volcánicas que componen el subsuelo submarino. Los sedimentos aún no se han depositado.

EL NACIMIENTO DE UN OCÉANO

Sin que nos demos cuenta, están naciendo océanos en el planeta. Este proceso, que dura varias docenas de millones de años, empieza cuando dos placas continentales se separan dejando que el magma del manto se filtre entre las fisuras ❶. La corteza se afina, se hincha y después se hunde, produciéndose un rift ❷. El agua invade progresivamente el nuevo valle ❸ mientras que el movimiento de distanciamiento continúa. Acumulándose, la lava forma una nueva corteza oceánica y la antigua corteza es empujada hacia el exterior. A lo largo de la zona de fractura, la corteza se pliega como una alfombra, hasta formar montañas en el fondo del nuevo océano. ❹.

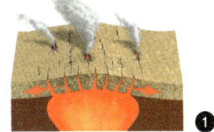

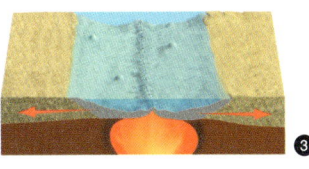

La mayor parte del fondo del océano está ocupado por amplias **llanuras abisales** compuestas por corteza oceánica. Generalmente situadas a 3.000 m de profundidad, estas llanuras descienden incluso a 6.000 m, pero el desnivel es tan suave que apenas se percibe.

dorsal oceánica

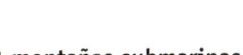

montañas submarinas

nivel del mar

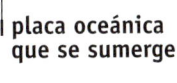

placa oceánica que se sumerge

Las **fosas oceánicas** se encuentran en el punto de coincidencia de las placas litosféricas, en las zonas de subducción. Pueden alcanzar más de 10.000 metros de profundidad.

arco insular

Entre los relieves sorprendentes que presenta el fondo del océano, se encuentran los **volcanes**, algunos de los cuales emergen formando islas.

Fosas y dorsales oceánicas

Los relieves del lecho marino

El fondo marino no es completamente plano. Cerca de 70.000 km de cadenas montañosas, llamadas dorsales oceánicas, se extienden a lo largo de llanuras abisales. Con altitudes entre 1.000 y 3.000 m, estas montañas submarinas están agudamente definidas a todo lo largo por un valle hendido, un plano central de hundimiento, que se forma cuando las placas oceánicas se separan. En donde se encuentran placas listosféricas, gigantes depresiones oceánicas, llamadas fosas, alcanzan profundidades comparables con la altitud de los picos más altos en los continentes.

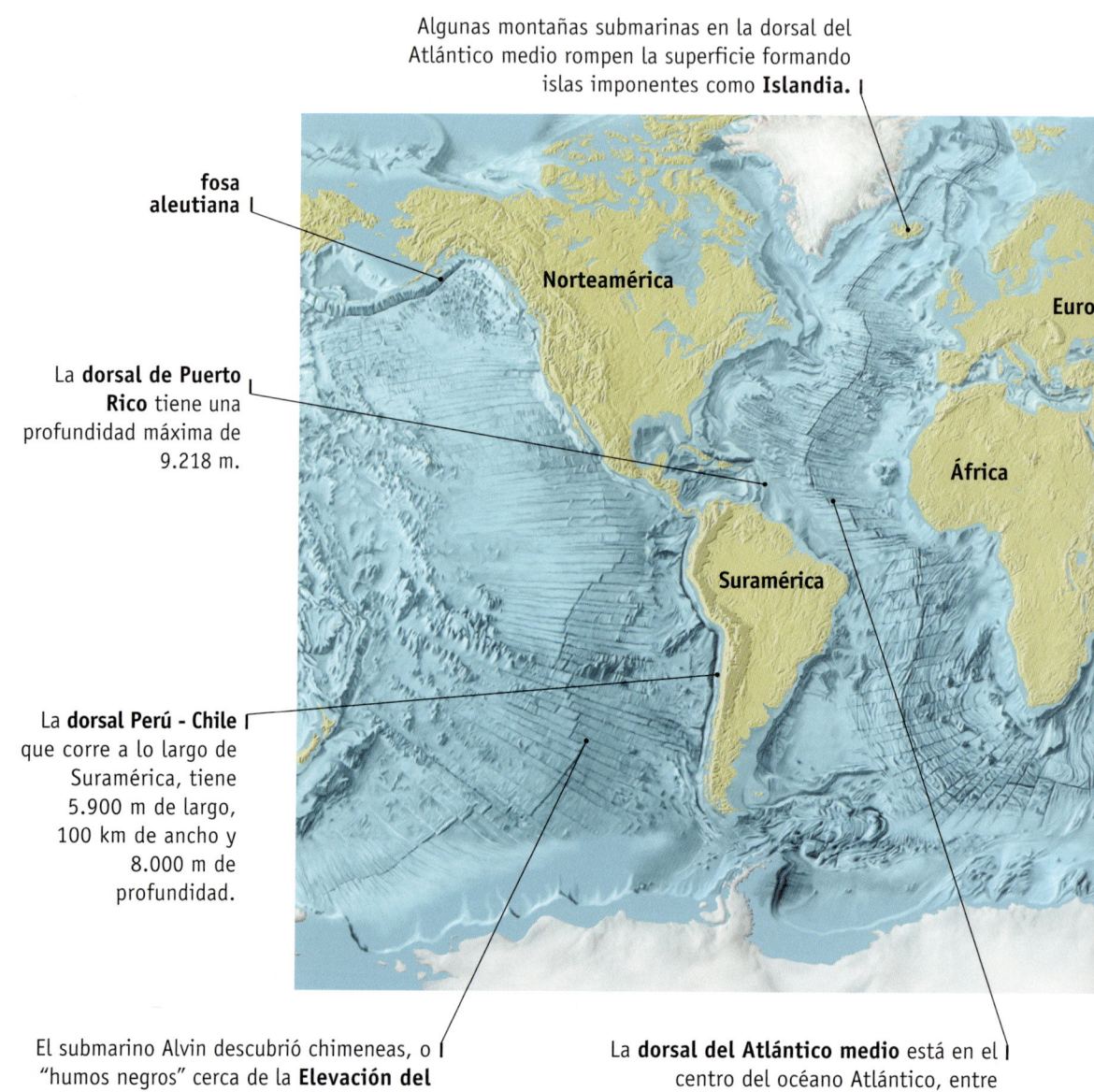

Algunas montañas submarinas en la dorsal del Atlántico medio rompen la superficie formando islas imponentes como **Islandia.**

fosa aleutiana

Norteamérica

Euro

La **dorsal de Puerto Rico** tiene una profundidad máxima de 9.218 m.

África

Suramérica

La **dorsal Perú - Chile** que corre a lo largo de Suramérica, tiene 5.900 m de largo, 100 km de ancho y 8.000 m de profundidad.

El submarino Alvin descubrió chimeneas, o "humos negros" cerca de la **Elevación del Pacífico este.** Estas ventilaciones naturales, que expelen sulfito ferroso a más de 270 °C, tienen hasta 20 m de altura.

La **dorsal del Atlántico medio** está en el centro del océano Atlántico, entre América, Europa y África.

LA EXPLORACIÓN DE LAS PROFUNDIDADES

Desde que William Beebe hizo la primera batisfera en la década de 1930, se han construido varias naves para explorar los mares. Se han sumergido a profundidades cada vez mayores que ahora son extremas. El batiscafo Trieste tiene el récord desde 1960.

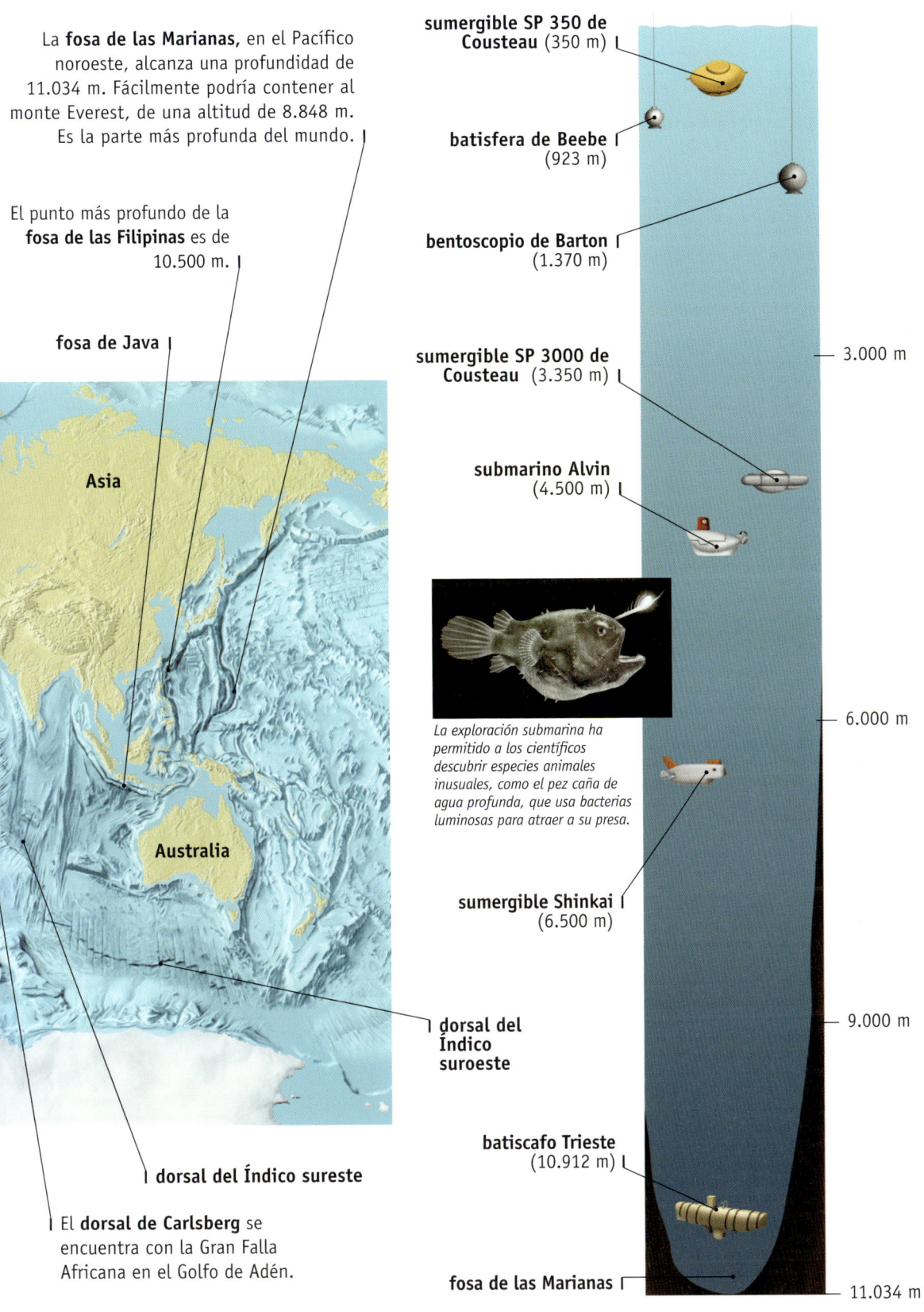

La **fosa de las Marianas,** en el Pacífico noroeste, alcanza una profundidad de 11.034 m. Fácilmente podría contener al monte Everest, de una altitud de 8.848 m. Es la parte más profunda del mundo.

El punto más profundo de la **fosa de las Filipinas** es de 10.500 m.

fosa de Java

Asia

Australia

dorsal del Índico sureste

El **dorsal de Carlsberg** se encuentra con la Gran Falla Africana en el Golfo de Adén.

sumergible SP 350 de Cousteau (350 m)

batisfera de Beebe (923 m)

bentoscopio de Barton (1.370 m)

sumergible SP 3000 de Cousteau (3.350 m)

— 3.000 m

submarino Alvin (4.500 m)

La exploración submarina ha permitido a los científicos descubrir especies animales inusuales, como el pez caña de agua profunda, que usa bacterias luminosas para atraer a su presa.

— 6.000 m

sumergible Shinkai (6.500 m)

dorsal del Índico suroeste

— 9.000 m

batiscafo Trieste (10.912 m)

fosa de las Marianas

— 11.034 m

Las corrientes marinas

La circulación de las aguas oceánicas

Los vientos que barren la superficie de los océanos generan potentes corrientes marinas. Bajo la presión del aire, las moléculas de agua primero se fortalecen en la superficie y después en las profundidades, creando de esta forma movimientos de masa que adoptan itinerarios bien definidos. Este inmenso movimiento de aguas provee de oxígeno a los océanos. A veces, es también la causa de graves conmociones climáticas, como testimonia la corriente caliente cíclica El Niño, responsable de lluvias torrenciales en Suramérica y de sequías en Asia.

CORRIENTES SUPERFICIALES Y CORRIENTES PROFUNDAS

Las corrientes que se mueven empujadas por los vientos predominantes a lo largo de las capas superiores de los océanos pueden sen cálidas o frías. También existen corrientes profundas, que siempre son frías. Las generan las variaciones de densidad de las masas de agua. En las zonas polares, el agua fría y densa se hunde hacia las profundidades oceánicas y fluye hacia el ecuador. Durante este largo viaje, que puede durar varios siglos, el agua se calienta gradualmente y sube a la superficie.

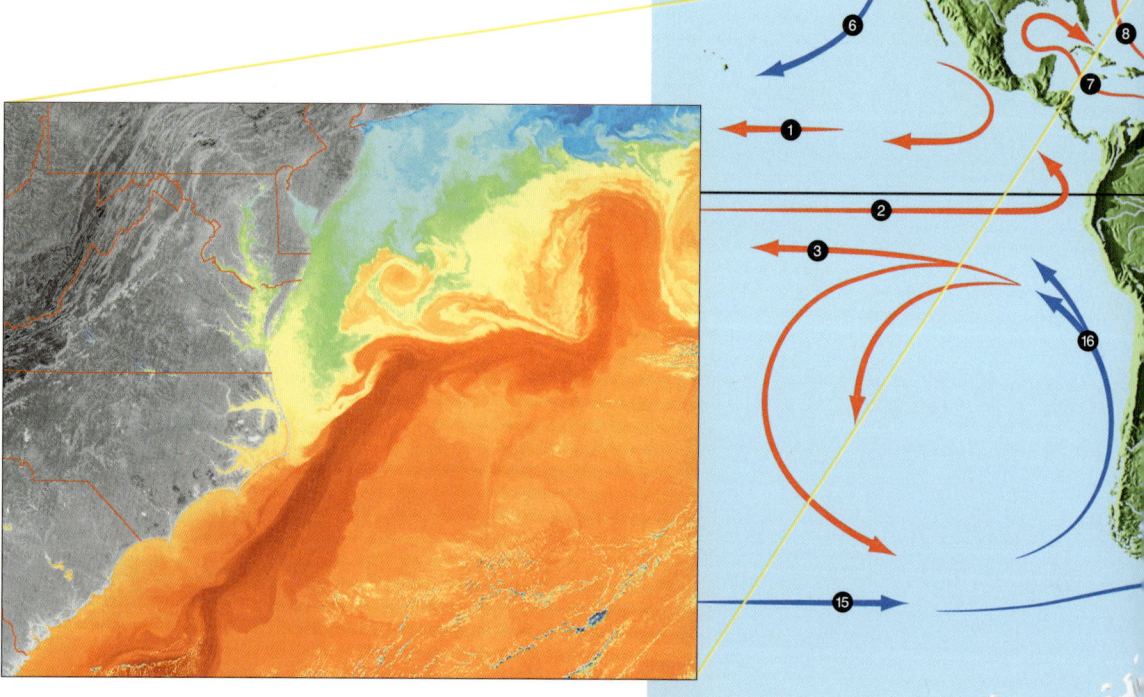

LA CORRIENTE DEL GOLFO

Entre las corrientes generadas por los vientos dominantes, la Corriente del Golfo es sin duda la más conocida. Como la corriente del Brasil, nace cerca del ecuador, en donde soplan los alisios, pero mientras ésta se desplaza hacia el hemisferio sur, la Corriente del Golfo se dirige hacia el norte, y después hacia el noreste. De 60 km de anchura y de al menos 600 m de profundidad, recorre 120 km al día.

La imagen del satélite (arriba) muestra cómo las aguas cálidas de la Corriente del Golfo (de color rojo y amarillo) calientan la temperatura atmosférica hasta las elevadas latitudes.

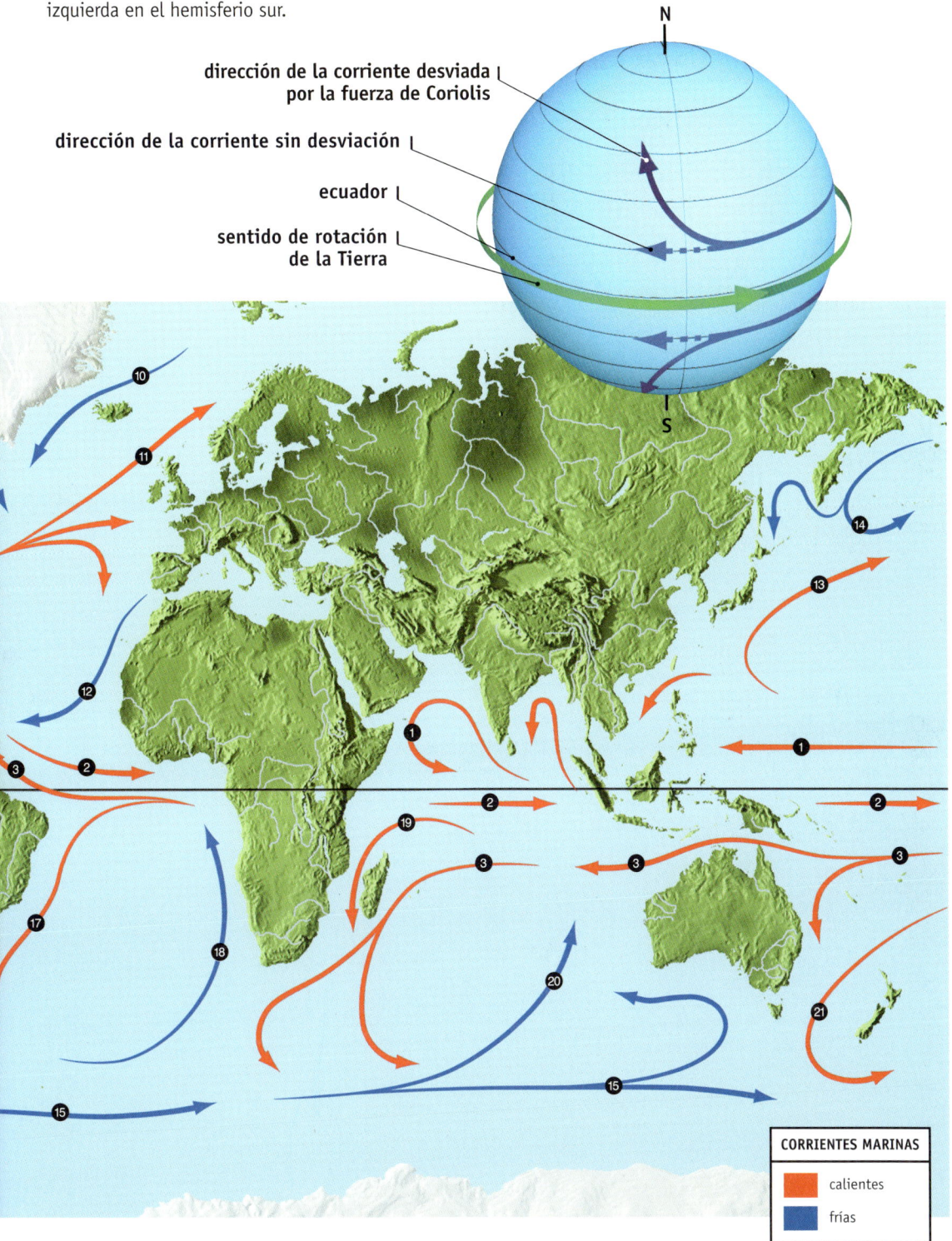

LA INFLUENCIA DE LA ROTACIÓN TERRESTRE

Las corrientes marinas siguen una trayectoria que no se ajusta de manera perfecta a la dirección de los vientos, ya que son desviadas por la fuerza de Coriolis, un fenómeno generado por la rotación de la Tierra. Así, las corrientes trazan generalmente una curva hacia la derecha en el hemisferio norte, mientras que giran hacia la izquierda en el hemisferio sur.

dirección de la corriente desviada
por la fuerza de Coriolis

dirección de la corriente sin desviación

ecuador

sentido de rotación
de la Tierra

N

S

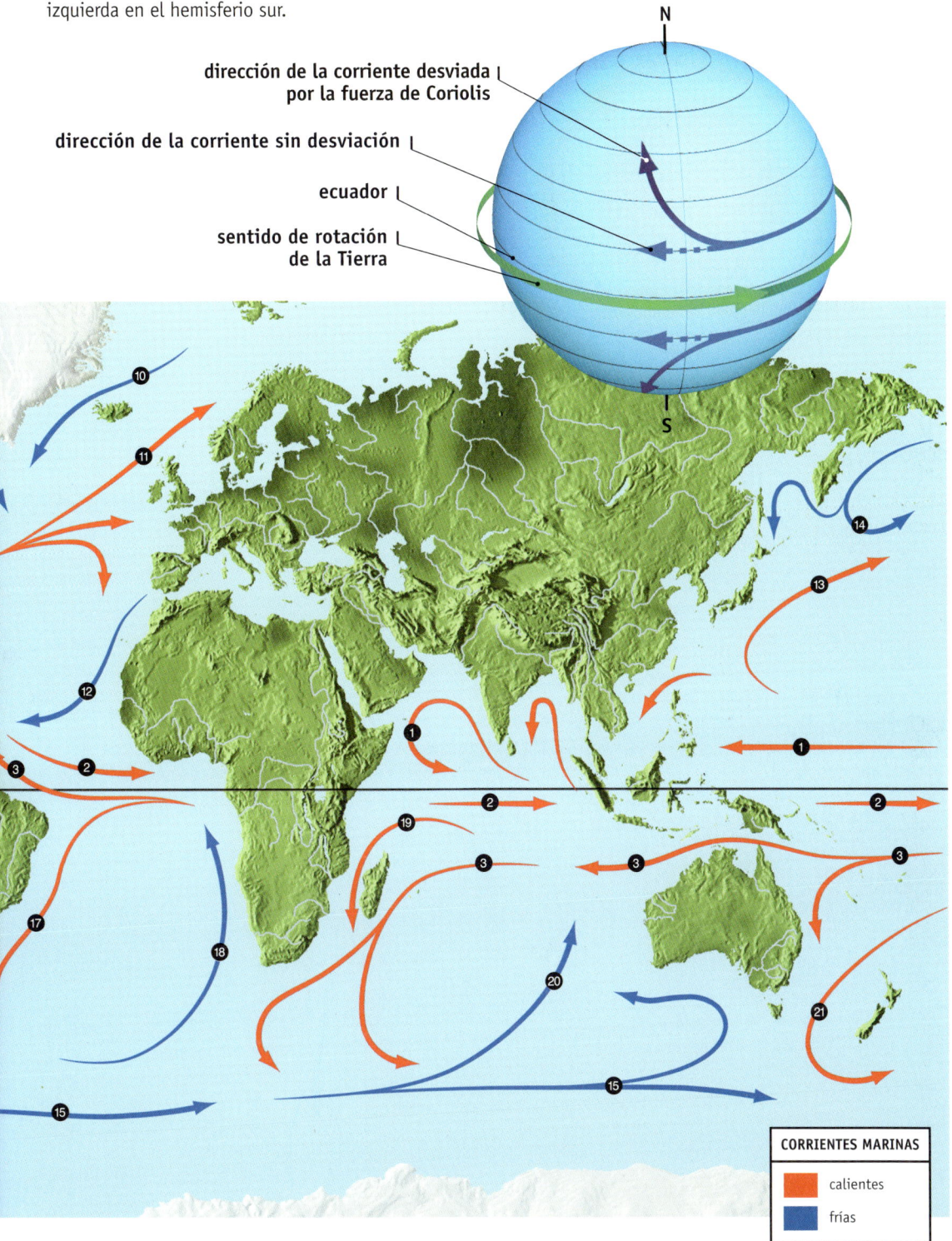

CORRIENTES MARINAS

calientes

frías

PRINCIPALES CORRIENTES SUPERFICIALES

1. corriente
   norecuatorial
2. contracorriente
   ecuatorial
3. corriente
   surecuatorial
4. deriva Pacífico norte

5. corriente de Alaska
6. corriente de California
7. corriente del Caribe
8. Corriente del Golfo
9. corriente del Labrador
10. corriente de Groenlandia
11. deriva noratlántica

12. corriente de Las Canarias
13. Kuroshio
14. Oyashio
15. corriente antártica
16. corriente de Perú
17. corriente de Brasil
18. corriente de Bengala

19. corriente de las Agujas
20. corriente de
    Australia occidental
21. corriente de
    Australia oriental

Las olas

¿A qué se debe el continuo espectáculo de las olas que se rompen contra la orilla? Contrariamente a lo que se pudiera creer, las olas no se producen por enormes desplazamientos de agua. Aunque una ilusión óptica sugiera que el agua viaja desde mar adentro hasta la orilla, una ola no es más que una forma producida por el movimiento de una onda generada por el viento. Esta onda se rompe cuando las olas alcanzan la orilla.

La fuerza del viento, su duración de acción y su recorrido, que es la extensión de agua sobre la que actúa sin ningún obstáculo, determinan la fuerza de las olas. La ola más alta se observó en el océano Pacífico en 1933: alcanzó 34 metros de altura.

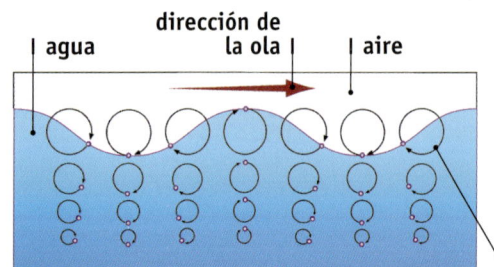

PARTÍCULAS EN ROTACIÓN

En una ola, sólo se mueven algunas partículas de agua animadas por la diferencia de presión causada por el viento. Estas partículas se desplazan muy poco horizontalmente, pero describen una órbita circular que se consume al paso de cada cresta y presenta un diámetro igual a la altura de la ola.

movimiento circular de las partículas

LA ONDA QUE ROMPE

Bajo el efecto del viento, las partículas de agua se desplazan en superficie y la oscilación del agua se propaga bajo forma de ondas ❶. Las olas se mantienen hasta que el viento se debilita y ningún obstáculo las detiene. Cuando la marejada alcanza la costa, es frenada por el ascenso del fondo ❷ y las olas cambian de aspecto: sus crestas se cierran ❸ y su longitud de onda disminuye, incluso si el período (el intervalo de tiempo que separa dos crestas) sigue siendo el mismo. La altura de la ola aumenta ❹ y el movimiento de las partículas de agua se hace elíptico ❺. Cuando este movimiento no se puede llevar a cabo, la ola se rompe (rompimiento). La energía se dispersa proyectando las partículas hacia adelante ❻, en un flujo de espuma.

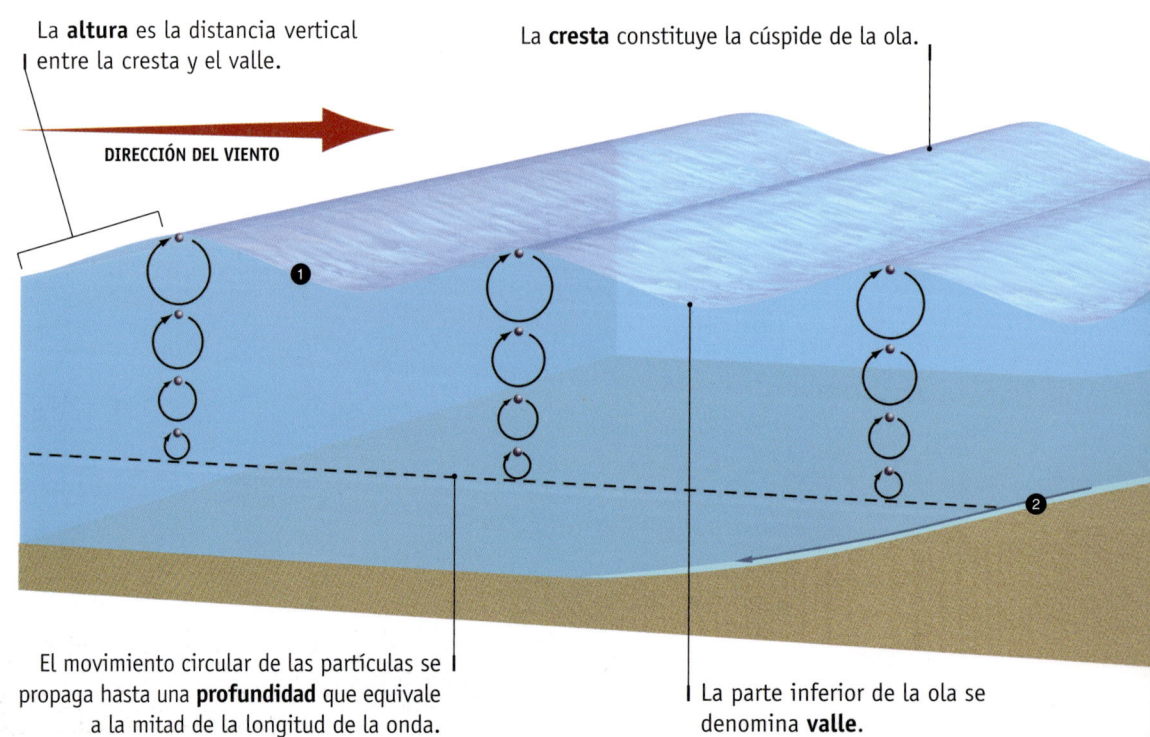

La **altura** es la distancia vertical entre la cresta y el valle.

La **cresta** constituye la cúspide de la ola.

DIRECCIÓN DEL VIENTO

El movimiento circular de las partículas se propaga hasta una **profundidad** que equivale a la mitad de la longitud de la onda.

La parte inferior de la ola se denomina **valle**.

OLAS EXCEPCIONALES

Cuanto más se propaga una onda sin encontrar obstáculos, más potentes son las olas. Las orillas de la isla de Oahu en Hawai reciben olas excepcionales, que a menudo alcanzan los 10 metros de altura. Nacen mar adentro a lo largo de las islas Aleutianas, cerca de Alaska, y sólo son frenadas, a su llegada, por la plataforma continental submarina.

UNA BOTELLA EN EL MAR

A menos que no sea empujada por una corriente marina o por el viento en alta mar, una botella lanzada en el mar casi no se desplaza: sigue el movimiento circular de las partículas de agua.

Llevada por el movimiento de la marejada, sube en las crestas ❶, avanza ❷, desciende en los valles ❸, retrocede al acercarse una nueva ola ❹, y remonta para volver a su posición original, con la llegada de una nueva cresta ❺.

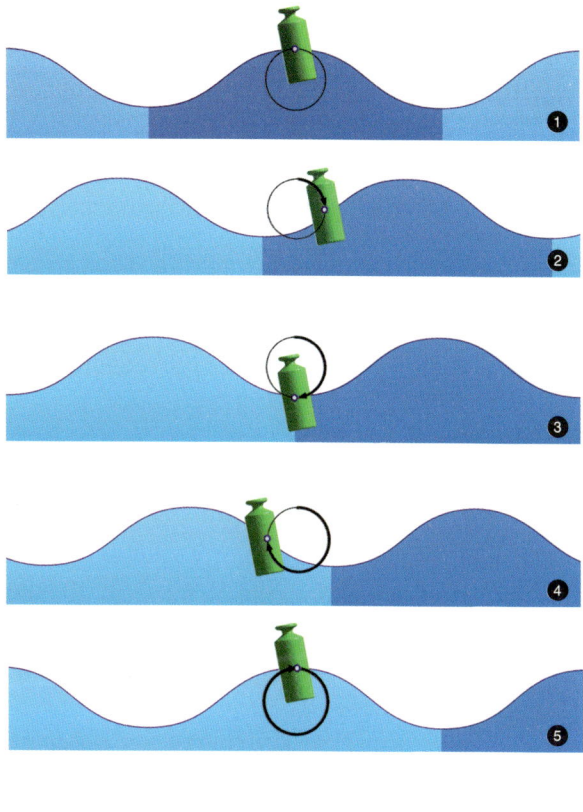

La **marejada** designa el movimiento ondulatorio de las olas en alta mar, antes de que se rompan.

La **longitud** de onda designa la distancia horizontal entre dos crestas sucesivas.

Se denomina **rompientes** a las olas que se estrellan y se convierten en las costas en espuma.

La ola sucumbe y se sumerge en el mar, originando una **corriente de retroceso** o **resaca.**

En el momento en que rompe contra la orilla, la cresta forma, por un instante, un **tubo** (cilindro de aire).

Los tsunamis

Olas gigantescas

Muy diferentes de los fenómenos superficiales provocados por los huracanes o las tempestades, los tsunamis son una sucesión de olas gigantescas producidas por una alteración geológica submarina: sismo, erupción volcánica o deslizamiento de tierras. La denominación de maremoto que se le da a veces, es, sin embargo, inexacta, pues el fenómeno no tiene nada que ver con las mareas. El volumen de agua desplazada y la energía producida por los tsunamis son inmensos, lo cual explica que el fenómeno sea generalmente más mortal que las erupciones volcánicas o los terremotos. En Alaska, en 1958, un deslizamiento de tierras produjo una ola de excepcional altura: 52 metros.

LA EVOLUCIÓN DE UN TSUNAMI

Una alteración geológica que sobreviene en el fondo del mar, a miles de kilómetros de profundidad, provoca el hundimiento o ascenso ❶ de una parte del fondo del océano. Se forma una onda de choque ❷ y crea olas ❸ que se desplazan a una velocidad que va de 600 a 800 km/h. Al ser esta velocidad proporcional a la profundidad, disminuye cuando el tsunami se acerca a la costa; el ascenso ❹ gradual del fondo aumenta la altura de la ola. Cuando el fondo submarino se hace profundo, se forma la marejada; en ese momento la velocidad de la onda disminuye a 50 km/h, pero la altura ❺ de las olas aumenta de manera considerable. Al final del recorrido, estas olas gigantescas ❻ rompen contra el litoral.

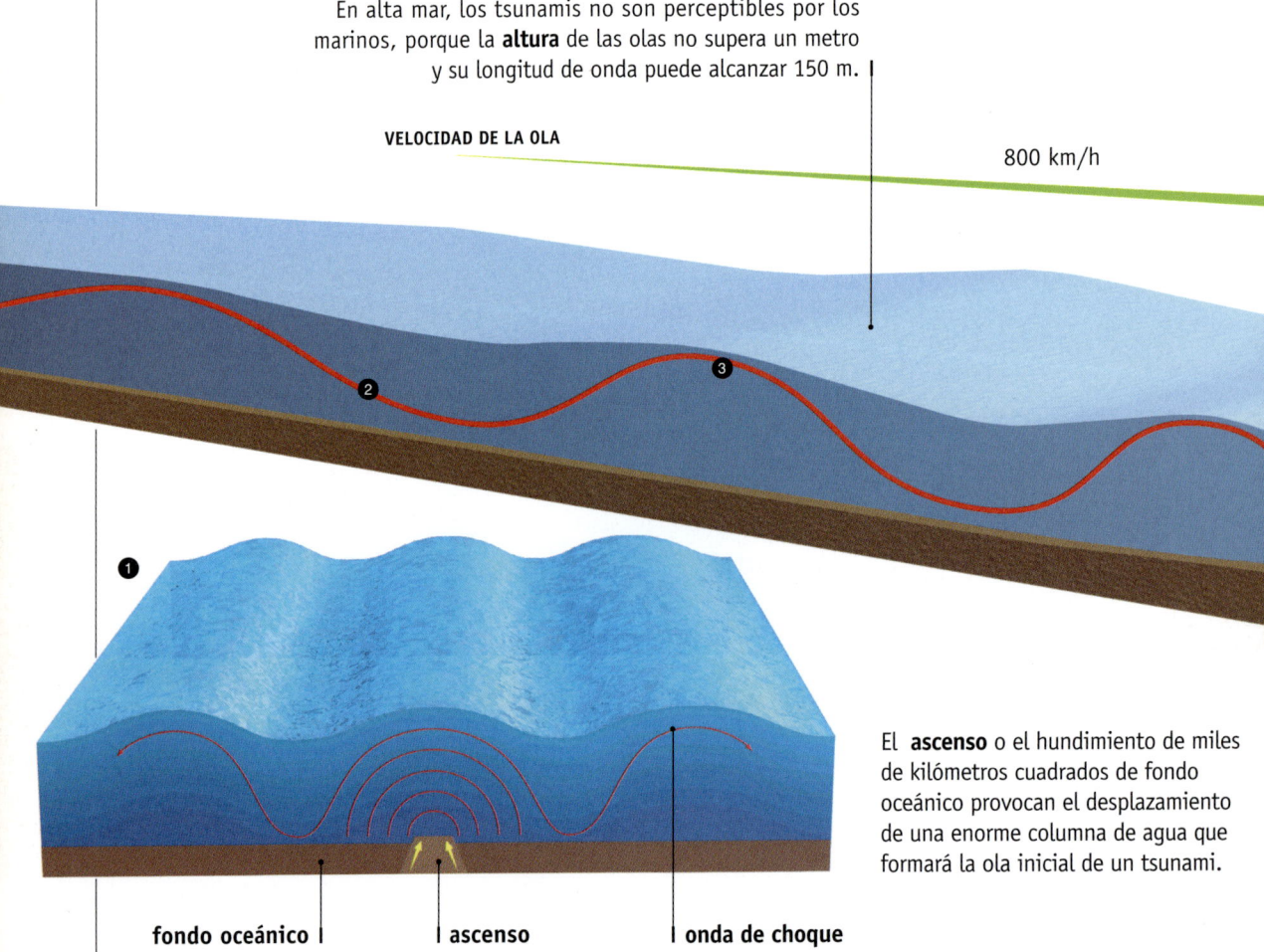

En alta mar, los tsunamis no son perceptibles por los marinos, porque la **altura** de las olas no supera un metro y su longitud de onda puede alcanzar 150 m.

VELOCIDAD DE LA OLA

800 km/h

El **ascenso** o el hundimiento de miles de kilómetros cuadrados de fondo oceánico provocan el desplazamiento de una enorme columna de agua que formará la ola inicial de un tsunami.

fondo oceánico | ascenso | onda de choque

EL TSUNAMI DEL OCÉANO ÍNDICO

El tsunami del océano Índico que ocurrió el 26 de diciembre de 2004 fue el resultado de un sismo que tuvo una magnitud de 9,0. El epicentro se encontraba en el fondo del océano Índico, a lo largo de la costa de Sumatra. El tsunami destruyó todas las costas de la región y causó 300.000 víctimas mortales, principalmente en Indonesia, Sri Lanka, India y Tailandia. Ha sido el tsunami que ha provocado un mayor número de víctimas mortales.

*La costa de la provincia de **Aceh** en el norte de Sumatra quedó devastada totalmente por el tsunami de 2004.*

Una ola que alcanza hasta 30 m de altura (es decir la altura de un edificio de 10 pisos) vierte sobre la orilla un **muro de agua** que tiene una fuerza sorprendente y destruye todo lo que se pone a su alcance.

En la playa, el indicio de un tsunami es la **retirada repentina** de agua. En ese momento, es necesario refugiarse lo más rápidamente posible en zonas elevadas. Las embarcaciones cercanas al litoral tienen que ganar sin demora el alta mar.

300 km/h

50 km/h

Produciéndose en término medio 7 u 8 grandes olas que se rompen a intervalos que van de 15 a 30 minutos, los tsunamis son devastadores. La **resaca** que crea cada una de estas olas es más potente y se lleva todo consigo.

Las mareas

Cuerpos celestes mueven los mares

Todos los cuerpos celestes en el universo ejercen una fuerza de atracción en otros cuerpos que varía de acuerdo con sus respectivas masas y con la distancia entre ellos. Esta ley fundamental de la física, la atracción gravitacional, explica por qué los mares de la Tierra se elevan y descienden varios metros dos veces al día. Las mareas son el efecto concreto de la atracción ejercida por la Luna y el Sol en la Tierra.

Debido a que es el cuerpo celeste más cercano a nuestro planeta, la Luna desempeña el papel más importante en los movimientos de las mareas, pero el Sol, con su masa tan grande, también tiene un efecto perceptible: se estima que su fuerza de atracción sobre las aguas marinas es del 46% de la fuerza de atracción de la Luna.

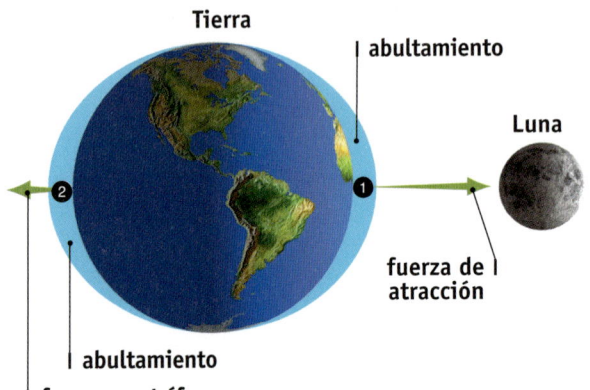

Tierra
abultamiento
Luna
fuerza de atracción
abultamiento
fuerza centrífuga

LA FUERZA DE ATRACCIÓN DE LA LUNA

A pesar de que la Luna está a 378.000 km de la Tierra, su fuerza gravitacional es suficientemente fuerte para mover los mares. Cuando la Tierra rota de manera que una masa de agua queda frente a la Luna, el agua sube en esa dirección; este abultamiento produce una marea alta ❶. Al mismo tiempo, la atracción gravitacional de la Luna en el agua, en el otro lado de la Tierra, es más débil. Esta agua se ve afectada por la fuerza centrífuga creada por la rotación del sistema Tierra-Luna y tiende a abultarse hacia afuera, creando otra marea alta ❷. Si la Tierra estuviera formada sólo de materiales rígidos, seguiría deformándose por la acción de estas dos fuerzas y tendría forma de huevo.

La atracción gravitacional no es la única influencia en las mareas; se han descubierto muchos factores relacionados con la geografía local. Mientras los mares cerrados casi no se afectan por el fenómeno, la **bahía de Fundy,** en la costa atlántica de Canadá, tiene las variaciones de mareas más grande del mundo, con una amplitud (el rango entre las mareas alta y baja) de hasta 16 metros.

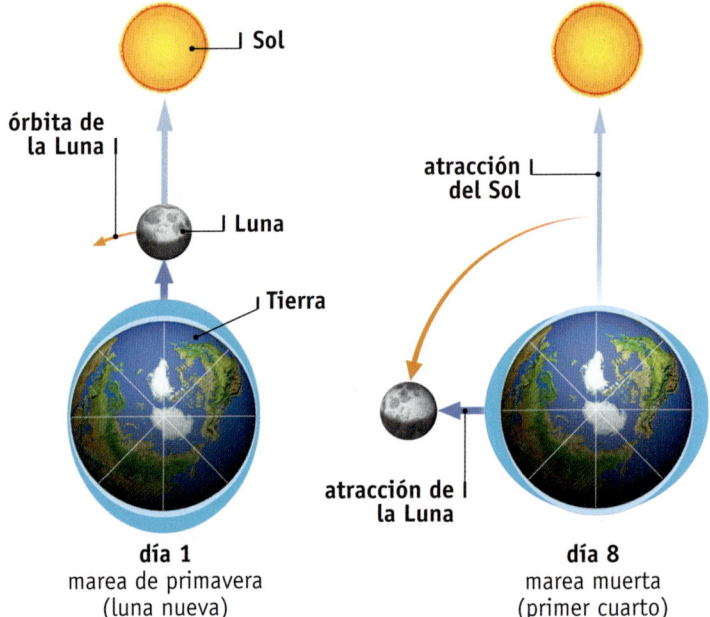

Sol
órbita de la Luna
Luna
Tierra

atracción del Sol
atracción de la Luna

día 1
marea de primavera
(luna nueva)

día 8
marea muerta
(primer cuarto)

MAREAS DIARIAS

La Tierra tiene, en todo momento, dos regiones de marea alta que corresponden a las zonas de abultamiento en alguna parte del planeta, separadas por dos zonas de marea baja. Durante un mismo día, cada parte del océano del mundo pasa por estas cuatro zonas. Como la duración de la rotación de la Tierra en relación con la Luna no es de 24 horas, sino de 24 horas con 50 minutos, hay como 6 horas y 12 minutos entre las mareas alta y baja.

La inclinación de la Tierra con relación a la eclíptica (el plano de la órbita de la Tierra), que es de 23,5°, también tiene un efecto en el nivel de las mareas altas. A latitudes altas, existe una marcada diferencia entre la primera marea alta del día, que es relativamente baja ❶, y la segunda, que llega 12 horas y 25 minutos más tarde y es más alta ❷.

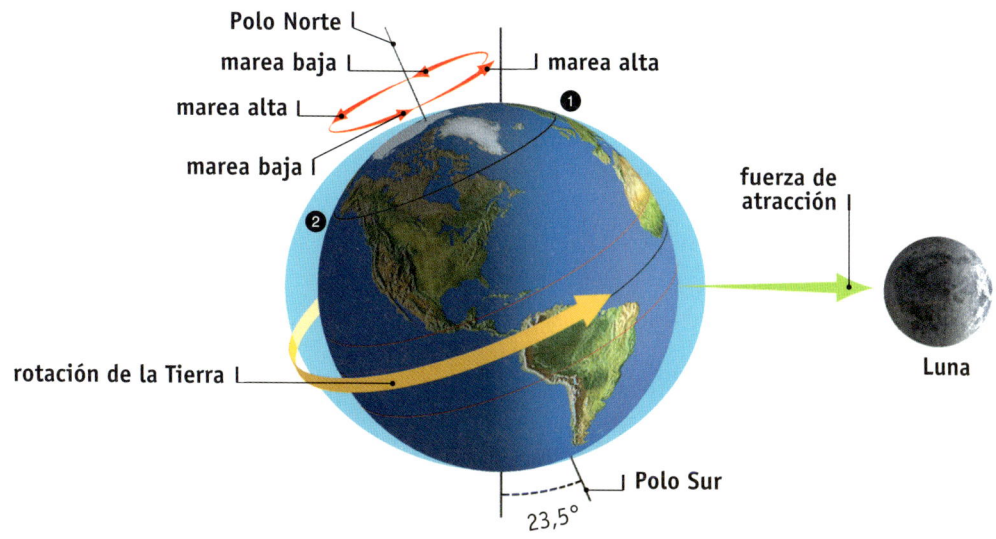

MAREA DE PRIMAVERA, MAREA MUERTA

La fuerza gravitacional del Sol sigue desempeñando un papel importante en el fenómeno de las mareas. Cuando los tres cuerpos celestes están alineados, es decir en los días de luna llena y de luna nueva, las fuerzas gravitacionales del Sol y de la Luna se combinan para producir mareas de mayor amplitud, llamadas mareas de primavera.

Inversamente, las influencias del Sol y la Luna se cancelan parcialmente entre sí durante las etapas medias del ciclo lunar (primero y último cuartos), cuando los dos cuerpos celestes ejercen fuerzas perpendiculares sobre la Tierra. En estos momentos se dan las mareas muertas, cuando la marejada es débil.

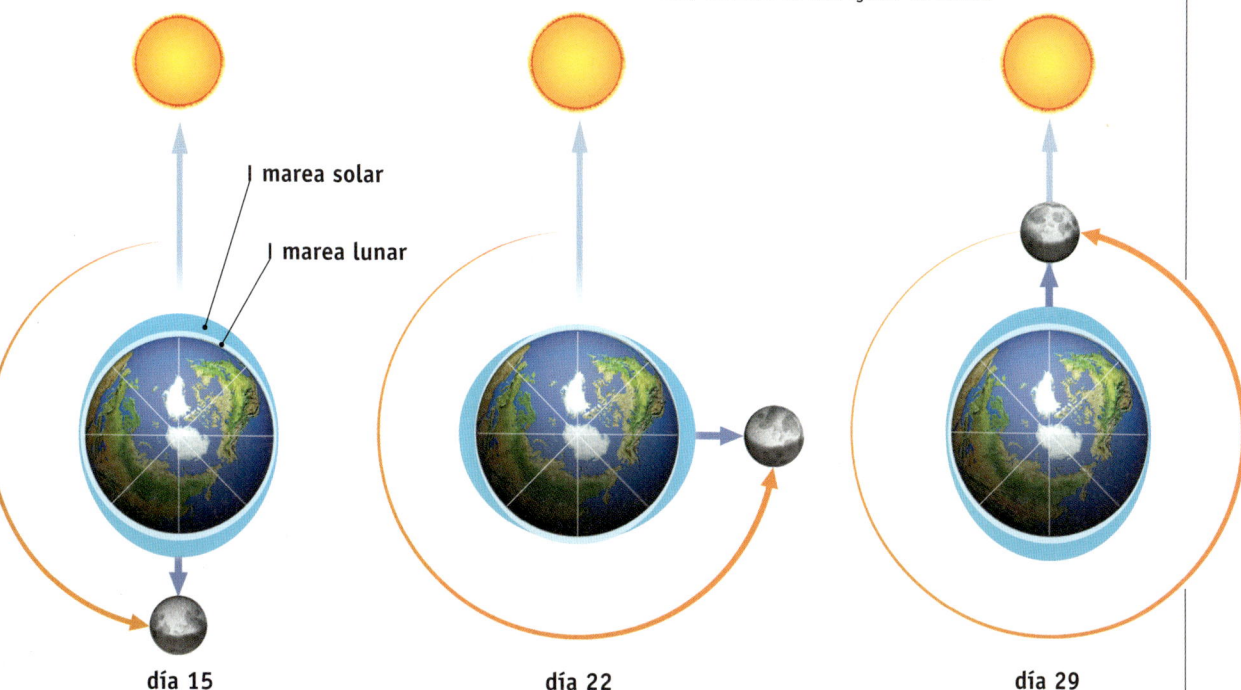

día 15	día 22	día 29
marea de primavera	marea muerta	marea de primavera
(luna llena)	(último cuarto)	(luna nueva)

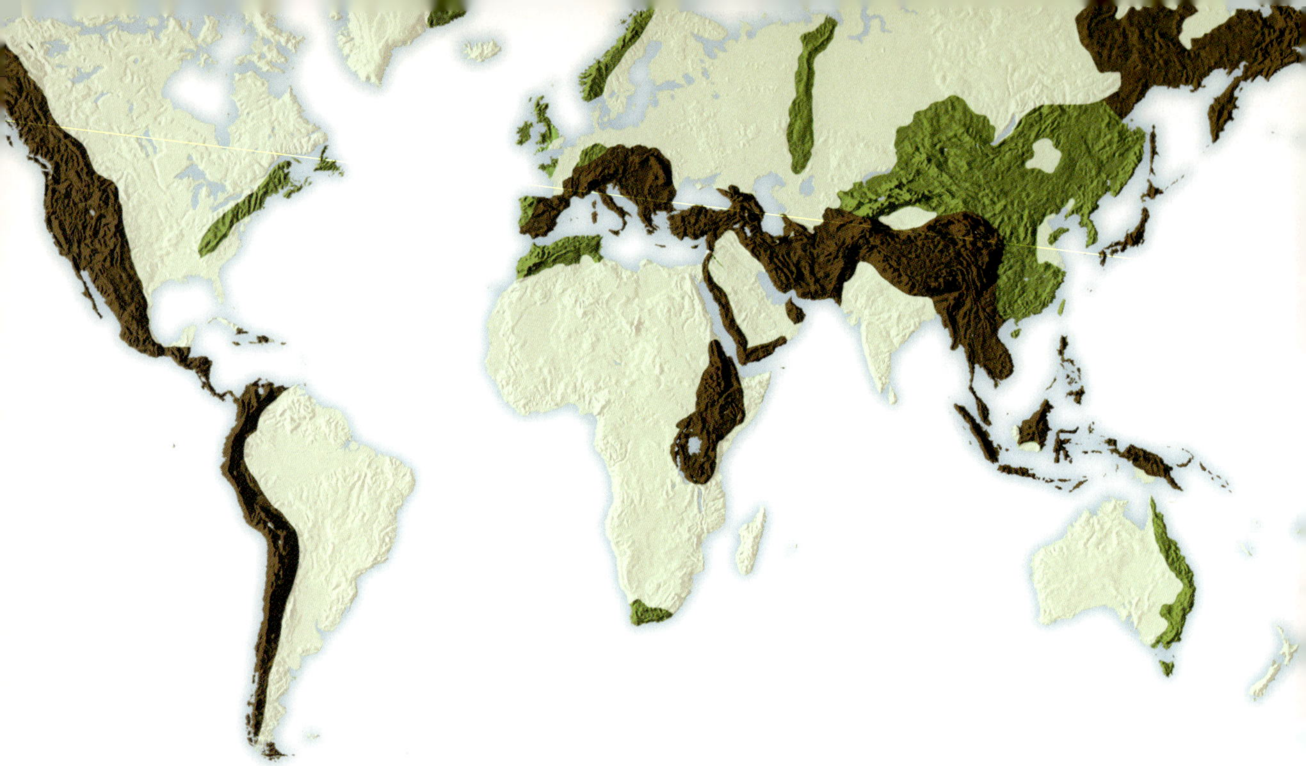

Así como las montañas resultan de movimientos tectónicos de gran escala, el paisaje cambia más sutilmente día tras día. A nuestro alrededor se excavan valles, se acumulan dunas, se aplanan colinas, se abren cuevas. Debido a la lenta y constante erosión por agua, aire y hielo, la superficie de la Tierra constantemente evoluciona formando una asombrosa diversidad de paisajes.

El paisaje evolutivo

La erosión

Mecanismos que transforman el paisaje

Los paisajes que parecen tener el mismo aspecto día tras día, de hecho están en un proceso de constante cambio. Acontecimientos espectaculares, como las erupciones volcánicas y las inundaciones, cambian la topografía de la Tierra a veces de manera radical, pero la erosión, aunque es mucho más discreta, es uno de los mecanismos principales en la transformación de las características del relieve de la Tierra.

La erosión, proceso que incluye el desgaste, la alteración y la nivelación, es un ciclo que se inicia con la remoción gradual de materiales superficiales y continúa con el transporte de partículas erosionadas hasta que se depositan y acumulan en forma de sedimentos.

DIFERENTES TIPOS DE EROSIÓN

El agua en todas sus formas, el viento y el hielo son los principales agentes de la erosión: alteran profundamente el paisaje mediante procesos químicos y mecánicos.

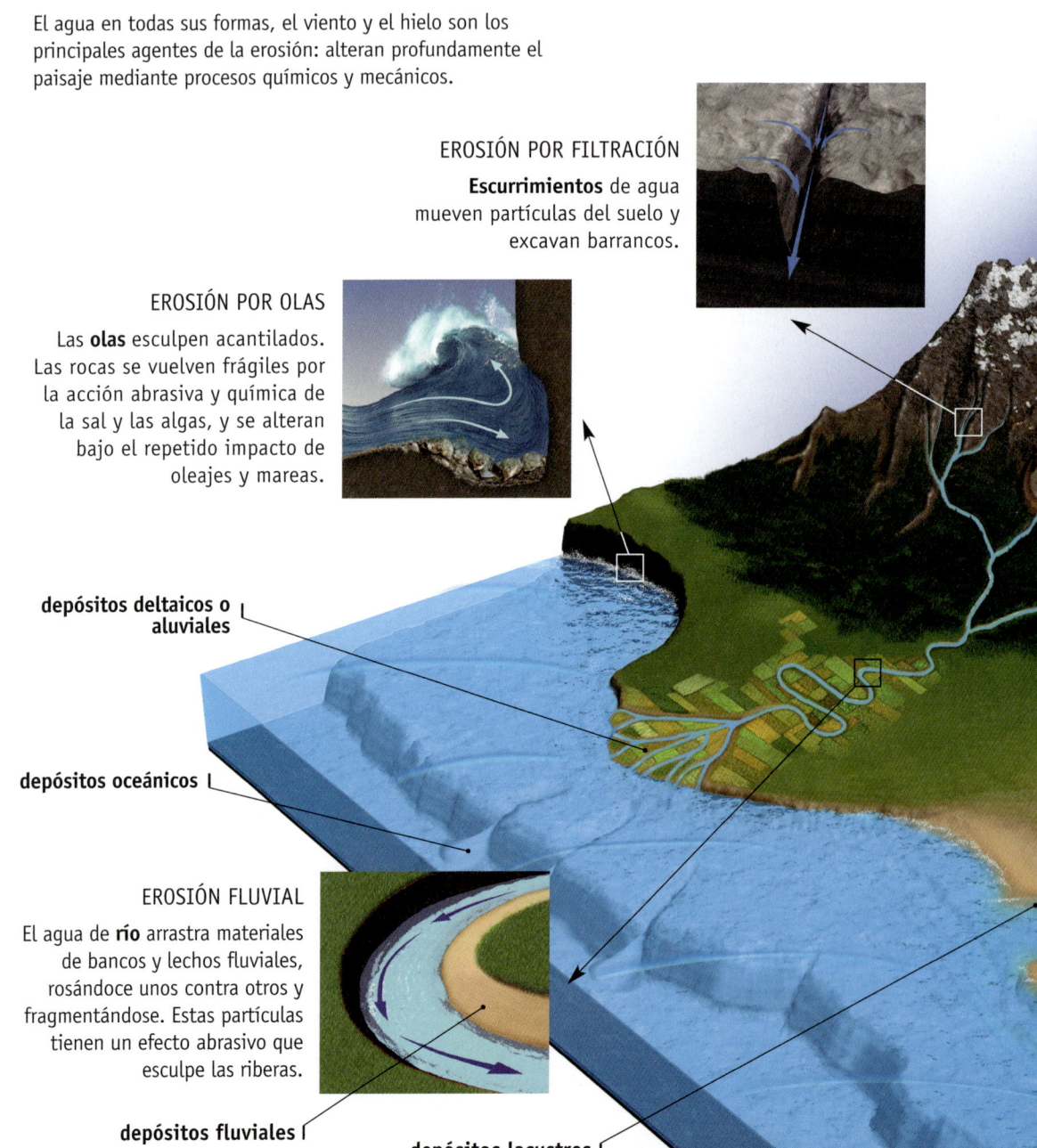

EROSIÓN POR FILTRACIÓN

Escurrimientos de agua mueven partículas del suelo y excavan barrancos.

EROSIÓN POR OLAS

Las **olas** esculpen acantilados. Las rocas se vuelven frágiles por la acción abrasiva y química de la sal y las algas, y se alteran bajo el repetido impacto de oleajes y mareas.

depósitos deltaicos o aluviales

depósitos oceánicos

EROSIÓN FLUVIAL

El agua de **río** arrastra materiales de bancos y lechos fluviales, rosándoce unos contra otros y fragmentándose. Estas partículas tienen un efecto abrasivo que esculpe las riberas.

depósitos fluviales

depósitos lacustres

UN EJEMPLO DE ALTERACIÓN DEL PAISAJE: LOS MONOLITOS

En algunas regiones, el viento arrastra granos de arena que golpean violentamente las rocas, actuando como abrasivos. En milenios, este modo de erosión conforma monolitos de aspecto inusual, como los de Monument Valley, Arizona.

EROSIÓN GLACIAL

Los glaciares que arañan las laderas de altas montañas realizan una forma de alteración mecánica. Como resultado de la gravedad, una **lengua de hielo** se extiende montaña abajo. Al descender, esta masa de hielo arrastra fragmentos de roca, guijarros y arena, esculpiendo un valle en el proceso.

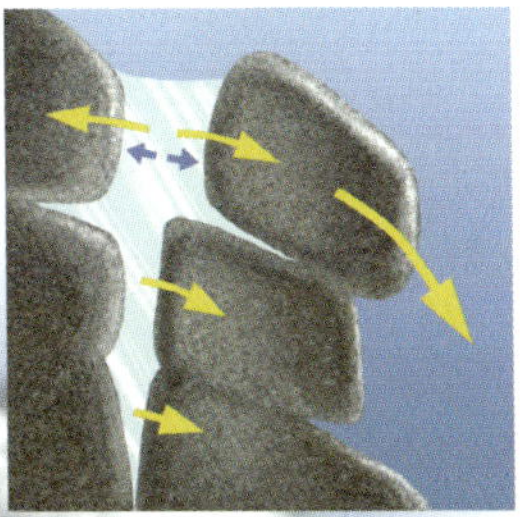

CONGELIFRACCIÓN

El volumen del agua se incrementa cerca de un 10% cuando se congela. Si esta transformación ocurre en una grieta estrecha en una roca, la roca es sometida a una enorme presión que literalmente la parte en dos. La congelifracción ocurre en montañas donde alternan **heladas** y deshielos.

EROSIÓN FLUVIAL

El **agua de lluvia,** cargada con dióxido de carbono de la atmósfera, y a veces con dióxido de azufre, altera químicamente varios minerales presentes en la tierra, incluida la piedra caliza. La piedra se erosiona en la superficie y en las grietas.

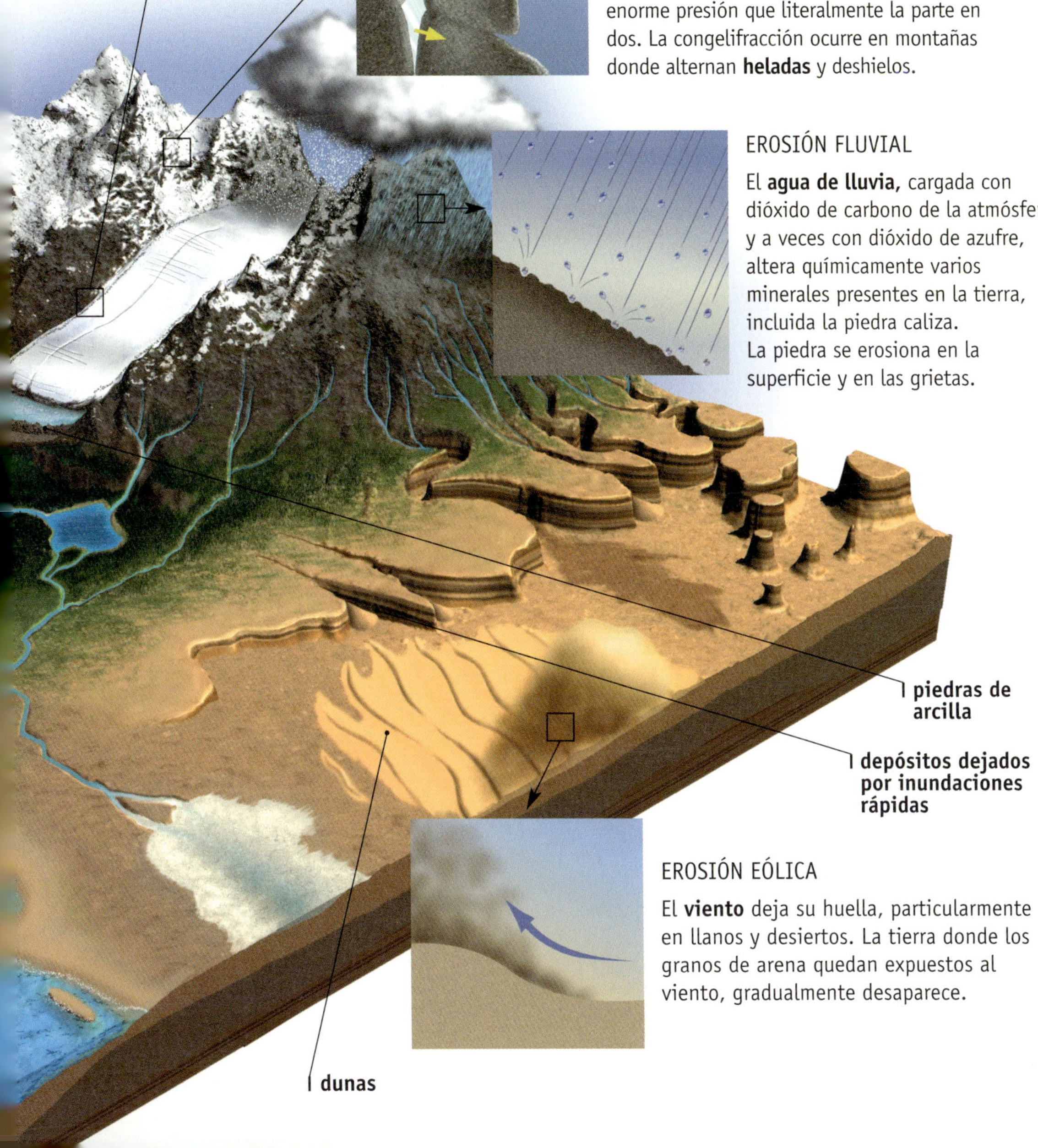

piedras de arcilla

depósitos dejados por inundaciones rápidas

EROSIÓN EÓLICA

El **viento** deja su huella, particularmente en llanos y desiertos. La tierra donde los granos de arena quedan expuestos al viento, gradualmente desaparece.

dunas

El ciclo de la erosión

Los efectos del tiempo en el paisaje

El ciclo de la erosión se presenta a diferentes velocidades, pero siempre resulta imperceptible a escala humana: una fisura en un bloque de granito generalmente sólo se extiende unos pocos milímetros cada mil años. Los macizos, las regiones semiáridas y las zonas donde la superficie de la tierra ha sido modificada por la actividad humana (tala, construcción de caminos y ciudades, etc.) experimentan la erosión más rápida. La erosión más lenta se asocia con tierras bajas donde los materiales son muy duros, como el escudo canadiense.

LA EVOLUCIÓN DE UN PAISAJE

Las características del relieve pasan por una serie de etapas. La acción erosiva de los cursos de agua altera los paisajes fluviales.

Donde el paisaje es aún muy abrupto, con grandes picos y profundas laderas, la erosión es muy rápida. Los cursos de agua cavan **valles** en forma de V y arrastran muchos detritos de roca.

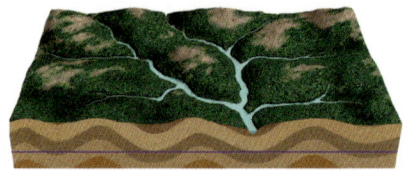

Debido a la **erosión**, la topografía empieza a nivelarse: las cumbres se redondean, los declives se hacen más suaves, y los cursos de agua acarrean menos detritos y se hacen más lentos.

Después de millones de años de erosión, el paisaje se vuelve una **penillanura**: su relieve es casi completamente plano y se eleva muy poco del nivel de base (nivel del mar). El proceso de erosión se hace considerablemente lento.

nivel de base

Fenómenos geológicos y tectónicos pueden causar una **elevación repentina** de tierra. En este caso, la penillanura es más alta que el nivel de base.

elevación de la tierra

En este punto, la **erosión** volverá a empezar: nuevamente los cursos de agua excavan profundos valles y el paisaje se rejuvenece.

EL GRAN CAÑÓN DEL RÍO COLORADO

La elevación del altiplano del Colorado, en Arizona, ocasionó que se esculpieran profundos desfiladeros. Para volver a su nivel de base, el río Colorado se hundió expandiendo su lecho, y excavando cañones de hasta 1,5 km de profundidad.

Desprendimientos de tierra
Cuando el peso da forma al paisaje

Los desprendimientos de tierra ayudan a darle forma al paisaje, unas veces lentamente, otras rápido, y a veces de forma abrupta. Originados por cambios climáticos mayores (heladas, deshielos, lluvias torrenciales), acciones que perturban el equilibrio de los suelos (deforestación, construcciones) o temblores (terremotos, erupciones volcánicas), representan una forma especial de erosión, relacionada con la gravedad de la Tierra. Dependiendo de la inclinación de las pendientes, la naturaleza del suelo y el elemento desencadenador, estos fenómenos, también llamados movimientos masivos, pueden tomar varias formas: arrastres, corrimientos de tierra, avalanchas y de deslizamientos de tierra.

ARRASTRES Y CORRIMIENTOS DE TIERRA

Cuando la lluvia y la nieve impregnan los materiales de una ladera, se reduce la cohesión de las partículas de tierra y roca, haciéndolas movibles.

Un **flujo de lodo** está entre los movimientos masivos más rápidos. Ocurre principalmente en regiones áridas y semiáridas, donde lluvias torrenciales saturan la tierra rápidamente. El lodo fluye naturalmente en barrancos y se extiende a los pies de la ladera.

Un **flujo de tierra** ocurre cuando la parte superior de una porción de tierra cede y desciende, formando una lengua de tierra de longitudes variables. Este fenómeno ocurre frecuentemente en suelos arcillosos y esquistosos, en regiones húmedas.

El arrastre, un movimiento masivo, imperceptible porque es muy lento (varios milímetros por año), tiene efectos notorios en el paisaje. Árboles doblados, postes inclinados, y paredes combadas atestiguan el movimiento de la capa superior del suelo. La causa principal del arrastre es la humedad y sequía alternas.

AVALANCHAS

Pendientes muy profundas son vulnerables a la caída libre de rocas o pedazos de tierra.

talud

DESLIZAMIENTOS DE TIERRA

Los deslizamientos de tierra arrastran materiales (rocas o tierra) a lo largo de una o varias superficies.

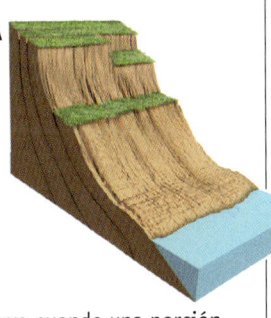

Un **deslizamiento de rocas** es una caída repentina de piedras, partidas por heladas o raíces de plantas. Este fenómeno ocurre principalmente en cañones, acantilados y caminos de montaña. La acumulación de piedras a los pies de las caras de una roca forman un talud.

Un **deslizamiento rotativo** ocurre cuando una porción de una ladera se desliza a lo largo de una superficie curva o cóncava. Este fenómeno, que afecta suelos pobremente consolidados, puede ser causado por erosión en la base de una pendiente (río u olas) o por el peso adicional (construcciones), que hace que la estructura entera se haga frágil y se amenace su equilibrio.

Cuevas

Excavaciones esculpidas por el agua

Cavidades subterráneas se encuentran en todo el planeta: en acantilados sobre los mares, en lava solidificada, e incluso en glaciares. Rocas porosas, como la caliza y la dolomita, contienen las cadenas de cuevas más grandes. Estas excavaciones naturales, que se extienden horizontalmente (galerías) o verticalmente (huecos y pozos), son el resultado de la erosión lenta de lechos de roca causados por el agua. Se necesitan decenas de miles de años para que se forme una cueva de pocos metros de diámetro, y casi cien años para que una estalactita, una masa de calcita que apunta al suelo, crezca sólo un centímetro.

FORMACIÓN DE UNA CUEVA

1. Al filtrarse en la roca, el agua de lluvia, naturalmente ácida, disuelve la piedra caliza y lentamente ensancha las grietas existentes.

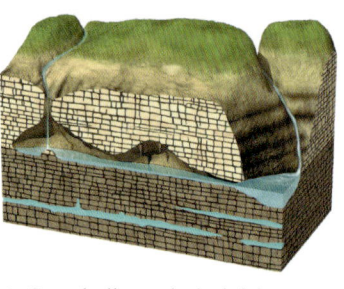

2. Cuando llega al nivel del agua subterránea, el agua fluye horizontalmente hacia una salida natural, excavando galerías lentamente.

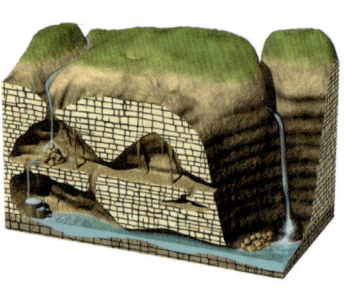

3. Conforme el agua sigue ahuecando el lecho de roca, el agua subterránea cede gradualmente, la galería superior se seca y se convierte en una galería fósil.

Lapiaz son grandes áreas planas que tienen acanaladuras talladas por la erosión química de la piedra caliza.

Aperturas profundas, llamadas **pozos,** se forman en la superficie cuando la cámara de una cueva se derrumba.

nivel del agua subterránea anterior

La calcita (carbonato de calcio) se deposita a manera de barreras con forma de escalones llamados **tobas.**

El **agua subterránea**, alimentada por agua de lluvia que se filtra en el lecho de roca, circula lentamente e impregna la roca.

pozo

laguna

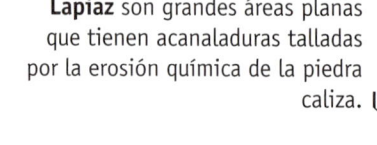

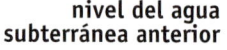

CADENAS MUY GRANDES

Las cuevas están organizadas en cadenas que se pueden extender grandes distancias. Lo que se cree que sea el grupo de cuevas subterráneas más grande del mundo, la cueva del Mamut, está en el estado norteamericano de Kentucky; su sistema de galerías se extiende más de 550 km.

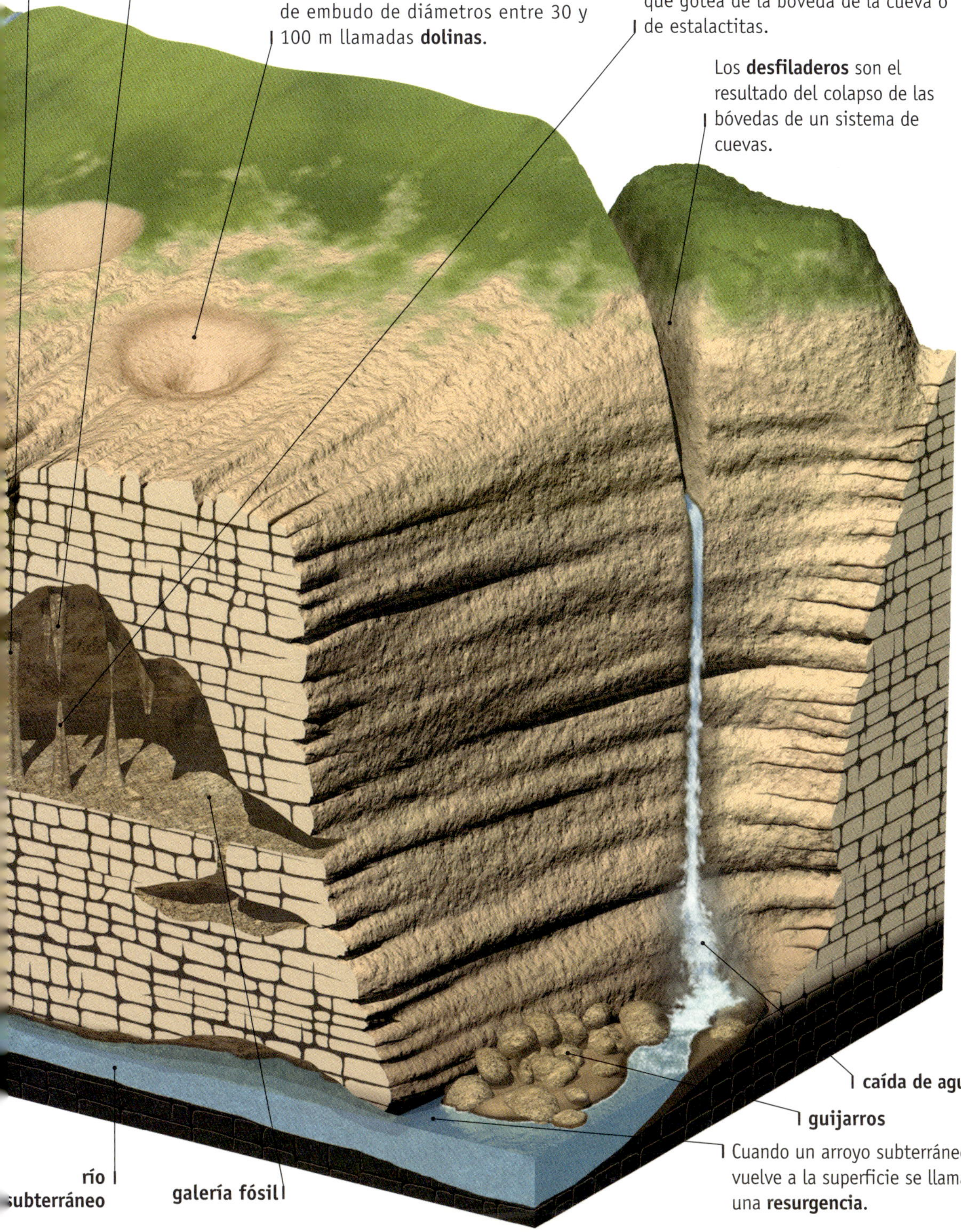

Cuando las estalactitas y las estalagmitas se encuentran, forman **columnas**.

Las **estalactitas** se forman de la cristalización de la calcita contenida en gotas de agua que gotean del techo de la cueva.

La infiltración constante del agua en la roca forma depresiones con forma de embudo de diámetros entre 30 y 100 m llamadas **dolinas**.

Las **estalagmitas** parecen salir del suelo. En realidad resultan de la cristalización de la calcita en el agua que gotea de la bóveda de la cueva o de estalactitas.

Los **desfiladeros** son el resultado del colapso de las bóvedas de un sistema de cuevas.

caída de agua

guijarros

Cuando un arroyo subterráneo vuelve a la superficie se llama una **resurgencia**.

río subterráneo

galería fósil

Cómo se forman las montañas

Procesos geológicos complejos

La elevación del relieve, o levantamiento, es el resultado de un proceso complejo: una sola cadena montañosa puede componerse de rocas metamórficas, remanentes de corteza oceánica y rocas volcánicas. Estos diferentes tipos de roca generalmente están acomodados en estratos, que se han doblado, revertido o incluso dislocado a lo largo de líneas de fallas. El descubrimiento de la tectónica de placas ha permitido dar grandes pasos en nuestro entendimiento de la orogénesis (el proceso de formación de montañas). De hecho, la mayoría de las montañas son el resultado del movimiento de placas oceánicas y continentales.

ENTRE OCÉANO Y CONTINENTE

Cuando una placa oceánica ❶ choca con un continente ❷, se desliza ❸ bajo la placa continental. Sedimentos oceánicos se desprenden como resultado de este contacto acumulado en una cuña de acumulación ❹. Al hundirse la placa oceánica, la cuña de acumulación incrementa su volumen; a veces se eleva bastante por encima del nivel del mar y forma montañas costeras ❺. La placa continental, sujeta a fuerzas considerables, se dobla y pandea, dando lugar a una cadena de montañas de subducción ❻. Cuando la placa oceánica llega al manto, sus rocas se derriten y se convierten en magma ❼. Estas rocas derretidas a veces llegan a la superficie y son arrojadas por volcanes ❽.

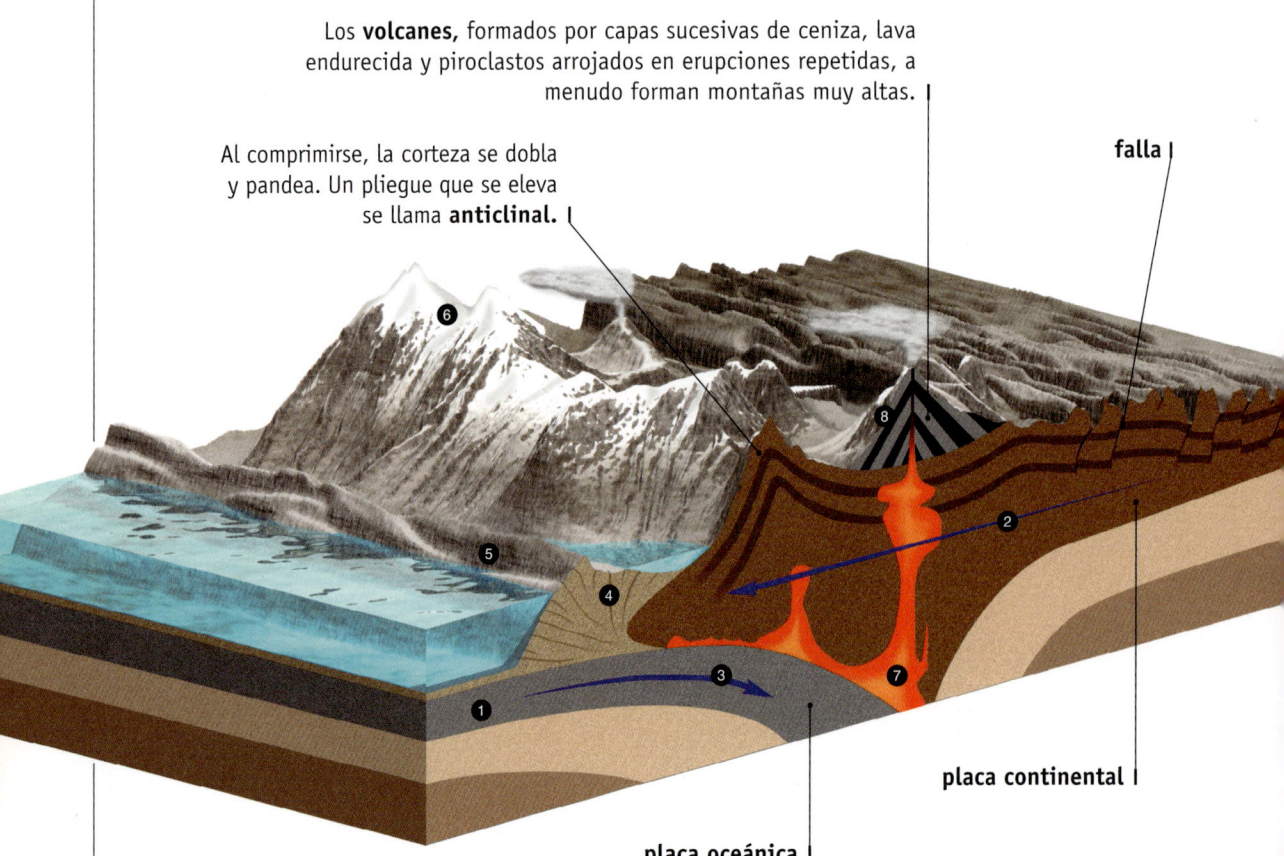

Los **volcanes,** formados por capas sucesivas de ceniza, lava endurecida y piroclastos arrojados en erupciones repetidas, a menudo forman montañas muy altas.

Al comprimirse, la corteza se dobla y pandea. Un pliegue que se eleva se llama **anticlinal.**

falla

placa continental

placa oceánica

CUANDO LOS CONTINENTES CHOCAN

La colisión entre dos placas continentales causa tales presiones que son perturbaciones geológicas mayores. Una colisión de este tipo hace 53 millones de años, dio lugar a los Himalaya, la cadena montañosa más grande del mundo. Cuando dos placas continentales ❶ entran en contacto, se presionan mutuamente ❷ y se empalman. Los lechos de roca levantados por este movimiento se pliegan y forman una cadena de colisión de montañas ❸.

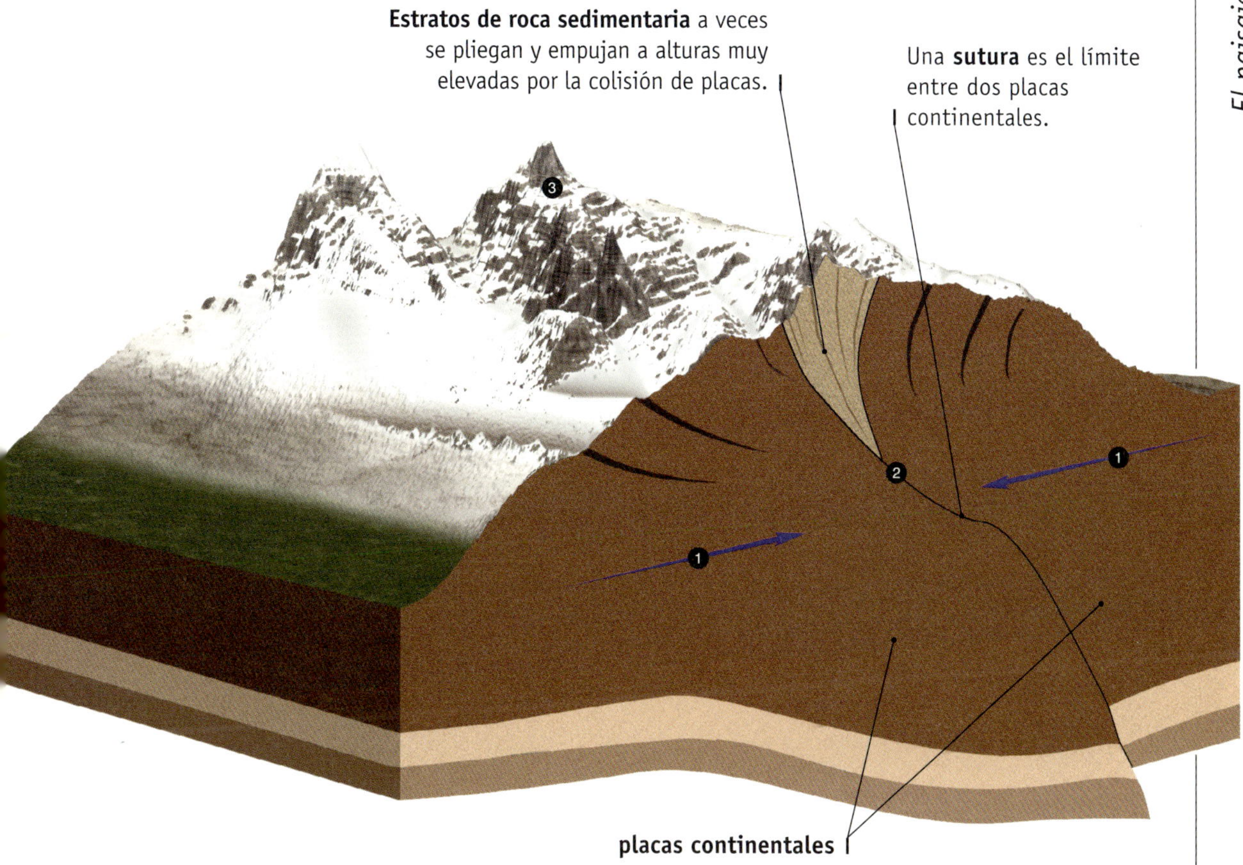

Estratos de roca sedimentaria a veces se pliegan y empujan a alturas muy elevadas por la colisión de placas.

Una **sutura** es el límite entre dos placas continentales.

placas continentales

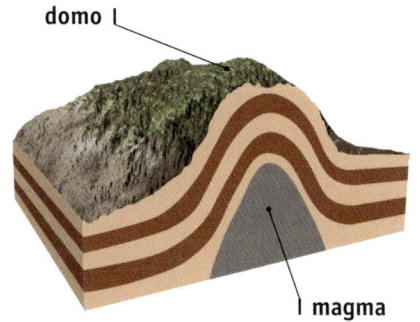

domo

magma

MONTAÑAS DE DOMO

El magma que sube a la superficie de la Tierra se acumula en cámaras magmáticas gigantes. Si la roca derretida no es arrojada por una erupción volcánica, eleva los estratos de roca en la superficie y forma domos.

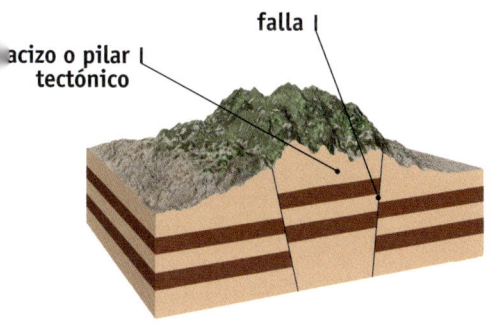

falla

macizo o pilar tectónico

MACIZOS TECTÓNICOS

La tensión y presión ejercida por las placas puede causar fallas, a lo largo de las que se deslizan bloques de roca que salen de su lugar. Los macizos tectónicos, también conocidos como horsts, son bloques elevados. A veces son tan grandes como montañas.

Montañas del mundo

Evidencia de la actividad tectónica

El aspecto de una montaña depende mucho de su edad. Las cadenas montañosas más jóvenes del planeta (Alpes, Himalaya, Rocosas, Andes y Cáucaso) formadas por recientes choques tectónicos tienen un relieve muy marcado, con pronunciadas pendientes y picos agudos. La mayoría de estas montañas no ha terminado de elevarse, mientras el lento movimiento de placas litosféricas continúa deformando el paisaje. Las montañas viejas (los Urales, Apalaches, la Gran Cordillera Divisoria de Australia, las montañas Drakensberg) son menos abruptas: han sido suavizadas por la erosión, que ha removido materiales de las laderas y lo ha depositado en las tierras bajas.

MONTAÑAS VIEJAS

Formados hace más de 300 millones de años, los **Apalaches** están entre las montañas más viejas del mundo. Su relieve muestra el lento progreso de la erosión por hielo, viento y agua, que ha suavizado los ángulos de cumbres y laderas.

Las **Rocosas** fueron elevadas por subducción a lo largo de la costa oeste de Norteamérica. Están bordeadas por la cadena costera que es el resultado de la elevación de la cuña de acumulación.

La **Sierra Nevada** está formada por bloques de montañas de macizos tectónicos.

Los **Andes** es la cadena montañosa más larga del mundo: se extiende casi 8.000 km de norte a sur. La parte sur (Chile, Argentina), que contiene los picos más altos de la cadena, se formó por subducción de la placa del Pacífico bajo la corteza continental de Suramérica.

TIPOS DE MONTAÑAS	
🟩	montañas viejas
🟫	montañas jóvenes

MONTAÑAS EN EQUILIBRIO

Cuanto más alta sea una montaña, más profundas se extienden sus raíces en el manto de la Tierra ❶. Al erosionarse, su masa disminuye, como un barco cuya línea de agua sube cuando la carga se quita, la montaña se eleva. Al mismo tiempo, acumulaciones de depósitos sedimentarios alrededor de la montaña, presionan a la corteza para que se hunda en el manto ❷. Este efecto de compensación se llama isostasia.

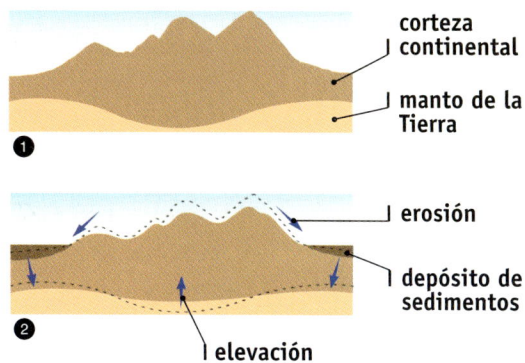

corteza continental

manto de la Tierra

❶

erosión

depósito de sedimentos

❷

elevación

MONTAÑAS JÓVENES

Las altas cumbres y profundas pendientes de los **Alpes** son evidencia de la juventud de esta cadena montañosa. Su abrupto relieve se produjo probablemente hace 50 millones de años, cuando la placa euroasiática chocó con la placa africana.

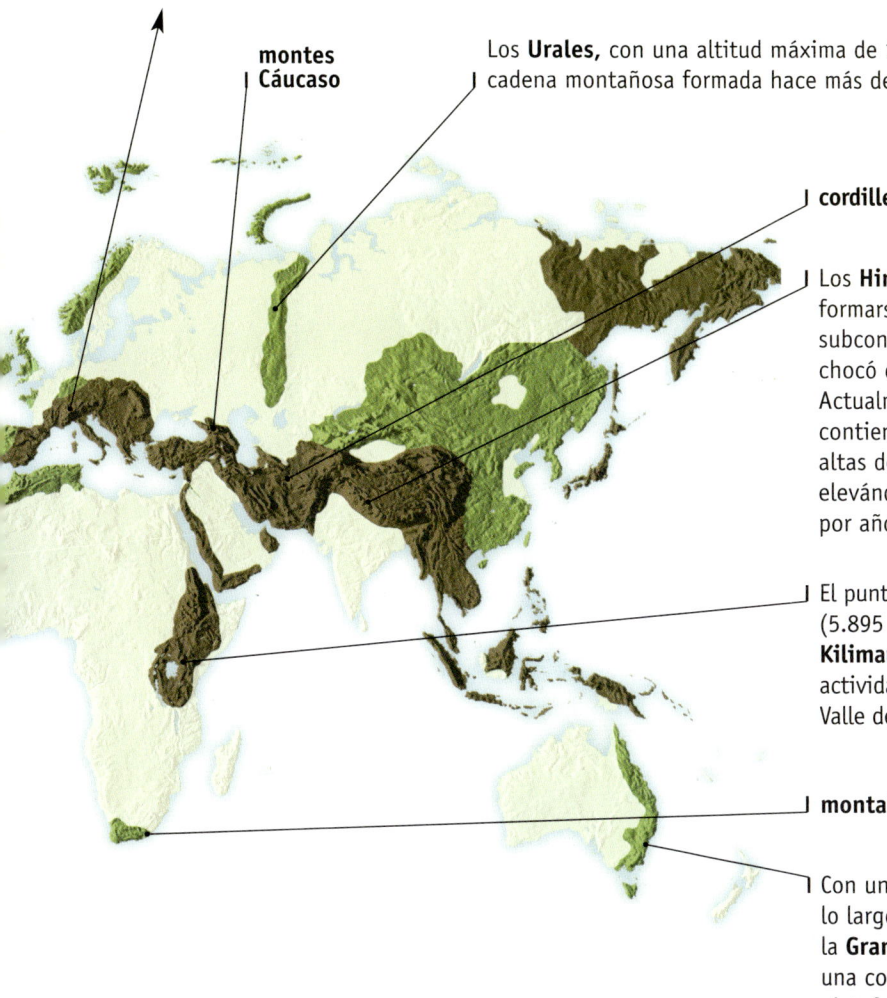

montes Cáucaso

Los **Urales,** con una altitud máxima de 1,895 m, son una vieja cadena montañosa formada hace más de 250 millones de años.

cordillera de Karakorum

Los **Himalaya** empezaron a formarse cuando el subcontinente de la India chocó con la placa asiática. Actualmente, esta cadena contiene las diez montañas más altas del mundo y sigue elevándose a razón de 10 cm por año.

El punto más alto en África (5.895 m), el **monte Kilimanjaro,** es resultado de la actividad volcánica en el Gran Valle del Rift.

montañas Drakensberg

Con una extensión de 3.600 m a lo largo de la costa de Australia, la **Gran Cordillera Divisoria** es una cordillera de viejas plataformas con profundos valles excavados en ellas.

Configuración de las costas

Entre la tierra y el mar

La zona litoral es el área costera entre los niveles de marea alta y marea baja. Las costas están en continua transformación debido a la constante acción del mar, los ríos y el viento. Toman una amplia variedad de formas, dependiendo de la naturaleza geológica de la costa.

Existen dos tipos de costa. Una costa rocosa es erosionada por olas, que golpean sus arrecifes con fuerza considerable (3 toneladas por m³, y hasta 50 toneladas por m³ durante tormentas). Las rocas separadas de la costa gradualmente quedan reducidas a partículas más finas, que se depositan en la costa y se mezclan con sedimentos fluviales para formar el otro tipo de zona litoral, una costa acumulativa de progradación.

DE ACANTILADO A ARRECIFE

Dependiendo del tipo de roca que estén hechas, algunas partes de la costa se erosionan más rápido que otras. Por ejemplo, los acantilados ❶ que sobresalen del mar desde los cabos ❷; el agua esculpe esta área expuesta y transforma una grieta en una cueva ❸. Cuando dos cuevas se juntan en alguno de los lados del cabo, crean un arco ❹. Al desplomarse, el arco deja una aguja ❺, que más tarde se transforma en un islote o arrecife ❻.

costa rocosa

Cuando el lecho de roca es más suave, la costa forma un hueco llamado **bahía.**

DIFERENTES TIPOS DE COSTA

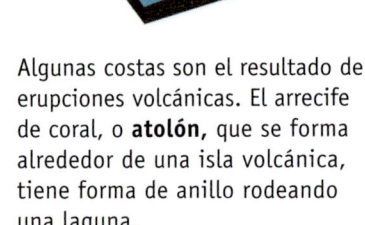

La **isla de barrera** es una barra de arena paralela a la costa que puede medir desde pocos hasta docenas de kilómetros. Entre la barrera y la costa se forma una laguna.

Los fiordos ("brazo largo de mar", en noruego) son valles excavados hace mucho por glaciares, luego invadidos por el agua. Se encuentran en abundancia en la costa de Noruega.

Algunas costas son el resultado de erupciones volcánicas. El arrecife de coral, o **atolón,** que se forma alrededor de una isla volcánica, tiene forma de anillo rodeando una laguna.

DERIVA COSTERA

Los granos de arena y guijarros que se depositan en la costa no se quedan inmóviles. Los mueven las olas ❶, que los avientan oblicuamente a lo largo de la costa ❷, luego los depositan perpendicularmente a la costa gracias a la marea ❸, y se los vuelven a llevar en línea diagonal ❹. Este patrón de movimiento, en zigzag, llamado deriva costera, finalmente crea una serie de distintos depósitos sedimentarios ❺.

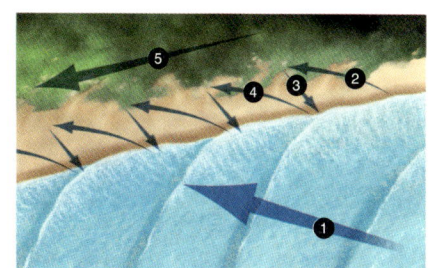

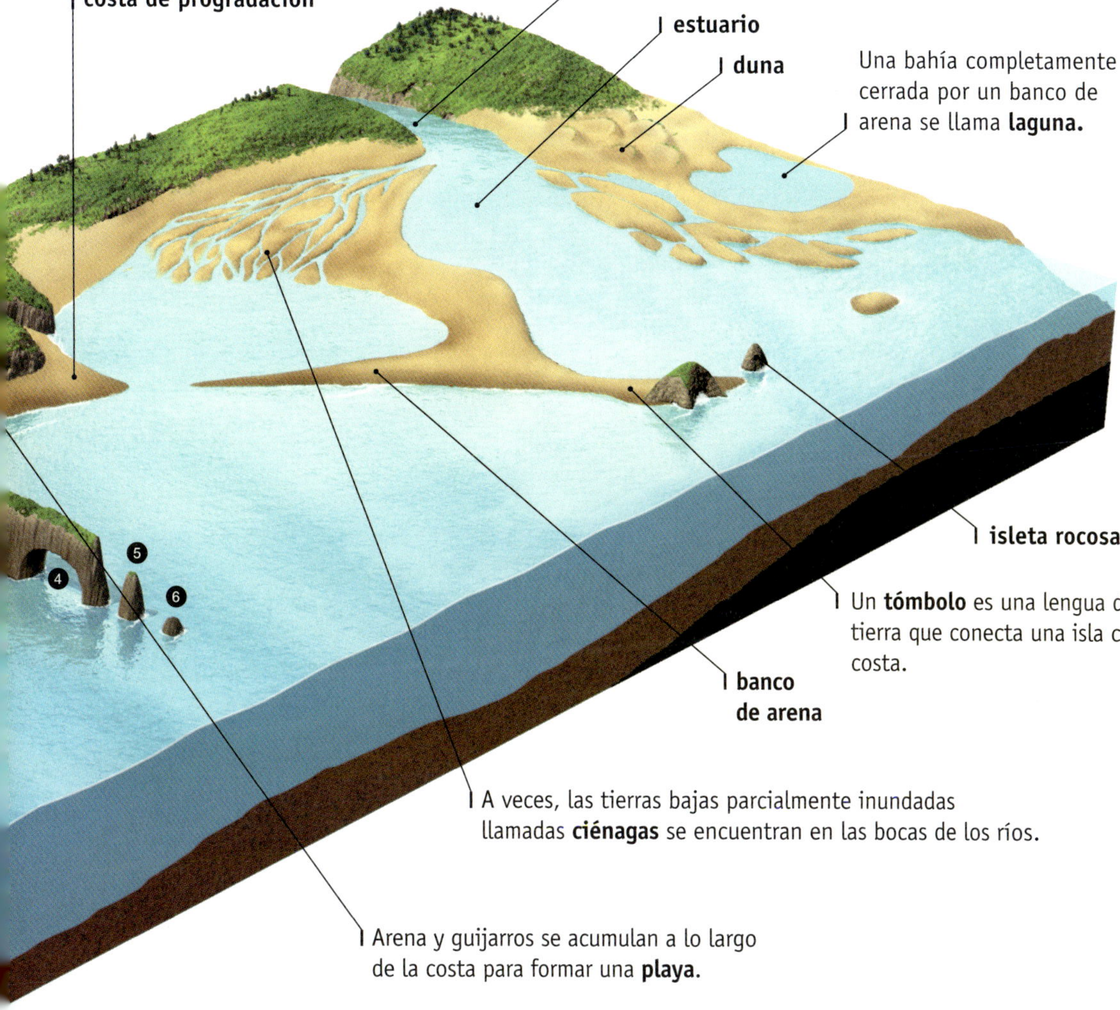

costa de progradación

río

estuario

duna

Una bahía completamente cerrada por un banco de arena se llama **laguna.**

isleta rocosa

Un **tómbolo** es una lengua de tierra que conecta una isla con la costa.

banco de arena

A veces, las tierras bajas parcialmente inundadas llamadas **ciénagas** se encuentran en las bocas de los ríos.

Arena y guijarros se acumulan a lo largo de la costa para formar una **playa.**

Los **deltas** se forman en las bocas de los ríos. Resultan de la acumulación de depósitos de sedimentos arrastrados por ríos que fluyen al mar.

Acontecimientos geológicos a veces han modificado la costa produciendo fallas. Este es el caso de algunos **acantilados costeros** formados por fallas tectónicas.

Un valle fluvial sumergido después de una elevación sobre el nivel del mar o un hundimiento de tierra forma un grupo de ensenadas llamadas **rías.**

Los glaciares

Ríos de hielo

Todas las regiones de nieves perpetuas, no importa su latitud, o si se encuentren cerca de los polos, o en la cumbre de altas montañas, tienen glaciares. Efectivamente, casi el 10% de las tierras emergidas (sobre todo en Antártida y en Groenlandia) están cubiertas por masas de hielo que se desplazan por la acción de su propio peso. Los glaciares de las montañas, que tienen varios kilómetros de anchura y algunas decenas de metros de espesor, descienden los valles a una velocidad que va de 100 a 200 m por año. Su acción erosiva transforma los paisajes, crea circos glaciares, esculpe valles con el fondo plano y deposita gran cantidad de rocas.

Desprendiéndose de la pared rocosa, el glaciar deja ver una profunda *crevasse* o grieta glaciar paralela a la pared, la **rimaya**.

El glaciar principal es a menudo alimentado por **glaciares tributarios**.

Una **morrena mediana** se forma en el lugar donde se encuentran dos lenguas glaciares.

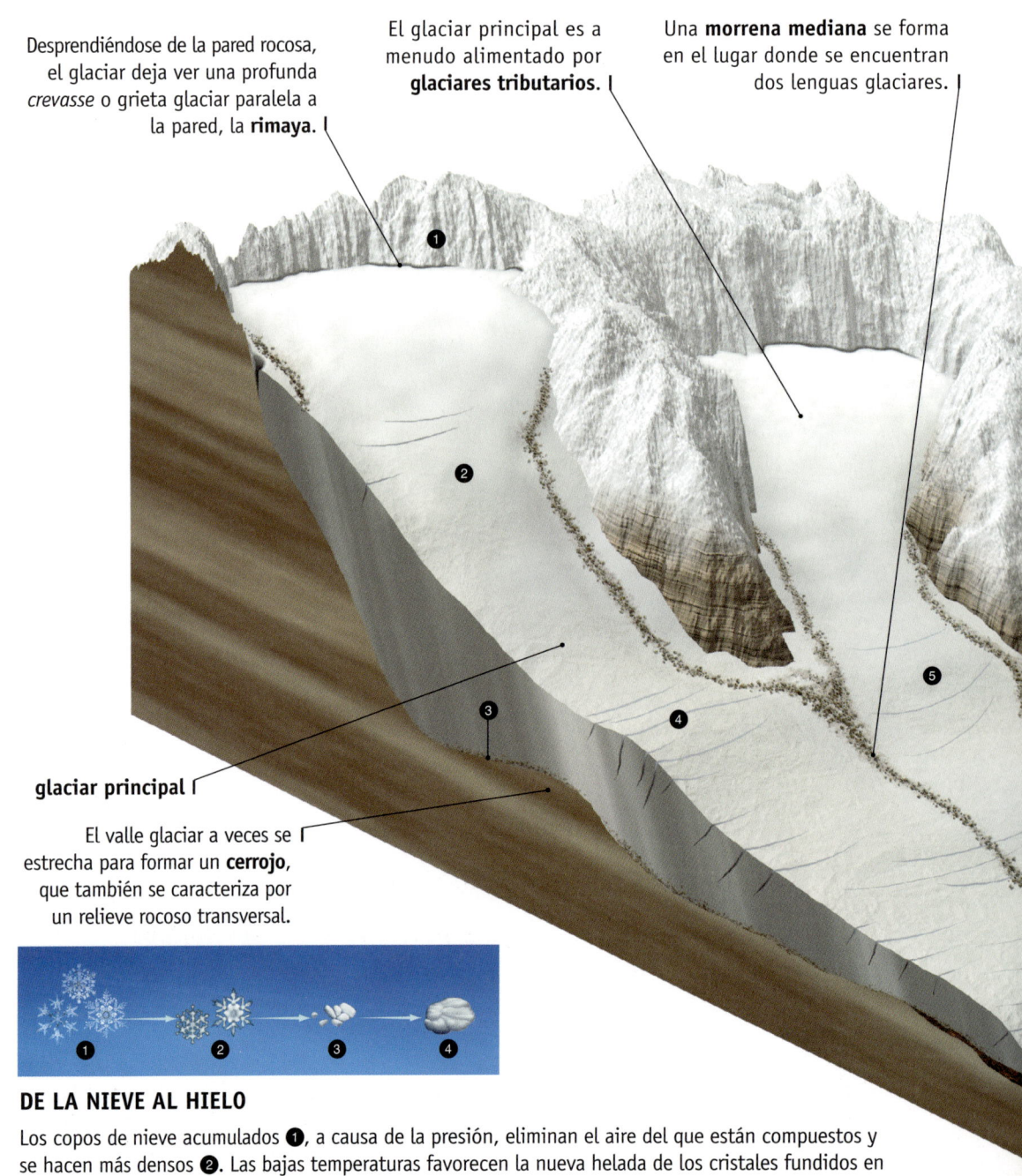

glaciar principal

El valle glaciar a veces se estrecha para formar un **cerrojo**, que también se caracteriza por un relieve rocoso transversal.

DE LA NIEVE AL HIELO

Los copos de nieve acumulados ❶, a causa de la presión, eliminan el aire del que están compuestos y se hacen más densos ❷. Las bajas temperaturas favorecen la nueva helada de los cristales fundidos en superficie, que se aglomeran ❸ y acaban por transformarse en auténtico hielo ❹. Este metamorfismo tarda varios años (hasta 3.500 años en el Antártico) en completarse.

UN EQUILIBRIO ENTRE LAS PRECIPITACIONES Y LA FUENTE

Todos los glaciares están compuestos por dos zonas consecutivas: la zona de alimentación, situada en la parte superior, y la zona de ablación en la parte inferior. La línea de equilibrio, que separa las dos regiones, puede verse claramente al final del verano, cuando la zona alta del glaciar se encuentra recubierta por nieve blanca y fresca, mientras que su parte inferior está constituida por nieve vieja de color más oscuro. En los Alpes, esta línea se coloca a 3.000 m de altitud, pero es más alta en el Himalaya y en los Andes.

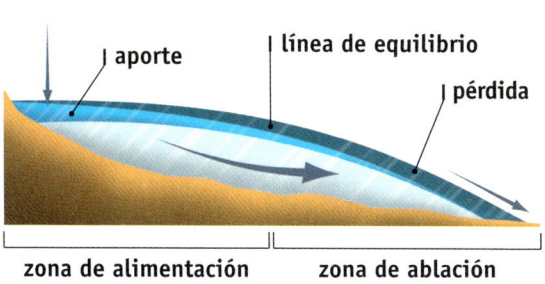

El equilibrio del glaciar se obtiene cuando el aporte de nieve nueva en la zona de alimentación compensa las pérdidas en la zona de ablación. Cuando este equilibrio se rompe, se habla de retroceso o avance del glaciar.

LA EVOLUCIÓN DE UN GLACIAR DE VALLE

Un glaciar nace en un circo glaciar ❶, cuando la nieve acumulada, compactada y transformada en hielo se extiende ❷ a lo largo de la ladera. Arrastrado por la gravedad, invade el valle. Descendiendo, el glaciar erosiona el suelo arrancando rocas y residuos ❸, que arrastra bajo su masa y acentúan la abrasión. Estas fricciones aminoran la base del glaciar, mientras que la superficie avanza más rápidamente y se deforma creando grietas glaciares ❹. A lo largo de su descenso, el glaciar principal es a menudo alcanzado por glaciares tributarios ❺. Cuando llega a una altitud en donde la temperatura es más elevada, la frente del glaciar se funde ❻, y libera los residuos de rocas que se depositan formando morrenas ❼. El agua de la fuente mana y a veces se acumula en lagos ❽, allí donde la morrena ha formado barreras.

Los **glaciares suspendidos** tienen la particularidad de permanecer en sus circos.

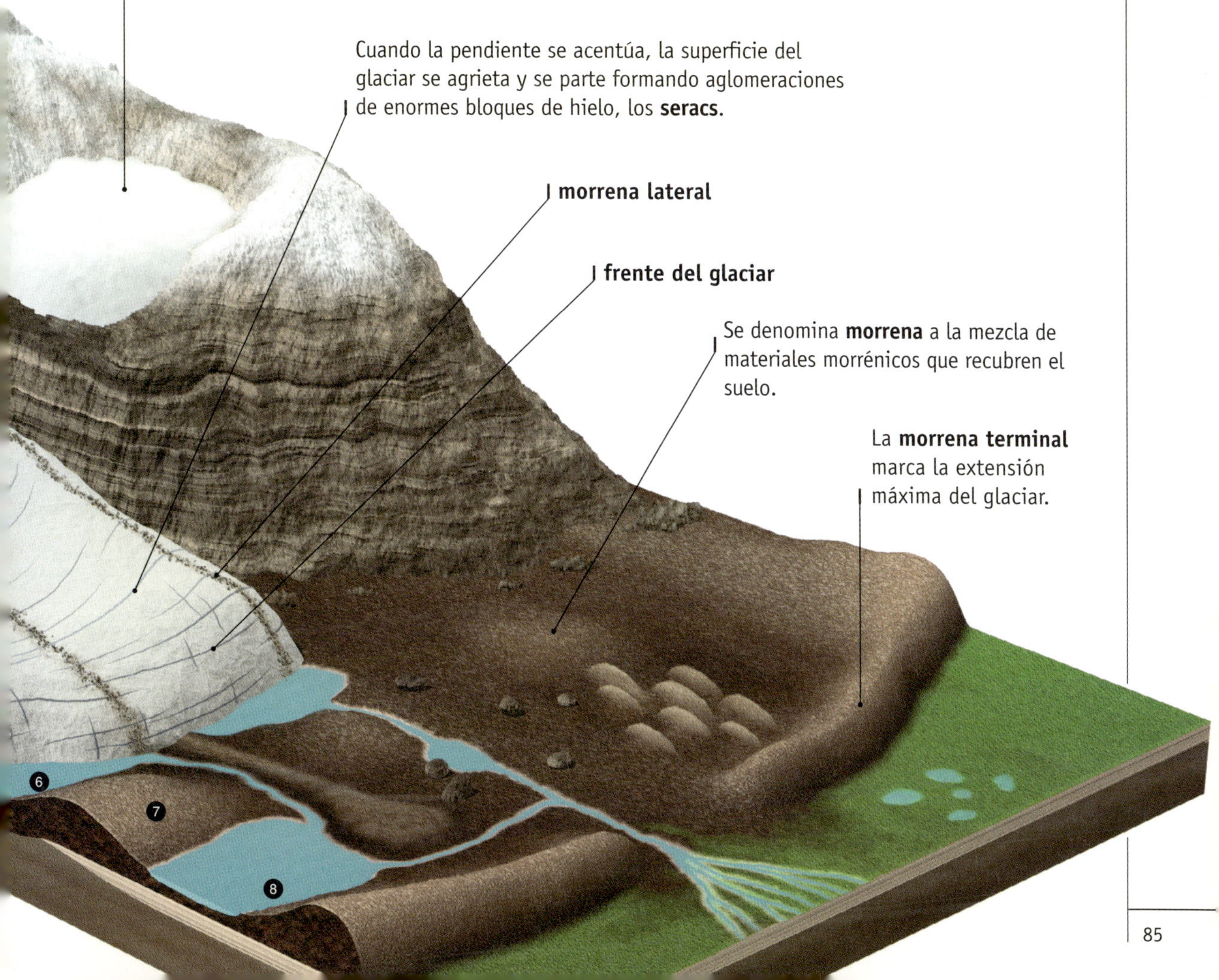

Cuando la pendiente se acentúa, la superficie del glaciar se agrieta y se parte formando aglomeraciones de enormes bloques de hielo, los **seracs**.

morrena lateral

frente del glaciar

Se denomina **morrena** a la mezcla de materiales morrénicos que recubren el suelo.

La **morrena terminal** marca la extensión máxima del glaciar.

Erosión glacial

Cómo transforman los glaciares el paisaje

El paisaje evolutivo

Los glaciares son mucho menos prominentes hoy de lo que fueron hace miles de años. En eras en las que el clima del planeta era mucho más frío, períodos llamados edades de hielo, cubrían grandes extensiones de tierra. Durante cada una de las edades de hielo de la Tierra, el paso de los glaciares dejó una marca indeleble en el paisaje. Incluso ahora, estos ríos de hielo están formando montañas y cavando valles, creando nuevas formas topográficas.

N

S

TRANSFORMACIÓN DEL PAISAJE POR LOS GLACIARES

ANTES
El paisaje se compone de valles en forma de V y colinas redondas.

Durante la **edad de hielo** del Pleistoceno, que terminó hace casi 10.000 años, el hielo cubría casi el 30% de la superficie de la Tierra, incluida casi la mitad de Europa y Norteamérica.

DURANTE
Los glaciares avanzan hacia el valle, amasando grandes cantidades de rocas y detritos que raspan los lados y el fondo del valle.

DESPUÉS
Una vez que el glaciar ha pasado, el paisaje se ha transformado considerablemente; el glaciar en retirada deja tras de sí un valle mucho más ancho y una serie de nuevas características en el relieve.

El glaciar ha excavado una **depresión glacial** con forma de U.

arista

circo glacial

pico

Un glaciar lateral excava un **valle colgante**.

A veces, un glaciar arrastra enormes rocas de varios metros de alto: **bloques erráticos**.

Los **drumlins** son colinas ovales con lados paralelos a la dirección en que se mueve el glaciar.

Un **kettle** es una cavidad sin drenaje superficial formada cuando se derrite un bloque de hielo.

El agua derretida retenida en morrenas forma un **lago morrainal**.

Icebergs

Glaciares a la deriva

En regiones frías, los glaciares avanzan hasta el mar sin derretirse. La fuerza de las olas y las mareas luego los fragmenta formando bloques gigantes de hielo flotante llamados icebergs; sólo una pequeña parte de un iceberg está sobre el agua. Impulsado por el viento y las corrientes oceánicas, los icebergs viajan miles de kilómetros, a veces flotando hasta los trópicos antes de derretirse en el mar, por la acción combinada de olas, sal y los rayos del sol.

INLANDSIS

Los extensos glaciares continentales que cubren casi toda Groenlandia y Antártida se llaman inlandsis. Estas gruesas capas de hielo se mueven muy lentamente desde el centro de la tierra hacia la periferia, donde se rompen en icebergs en el océano.

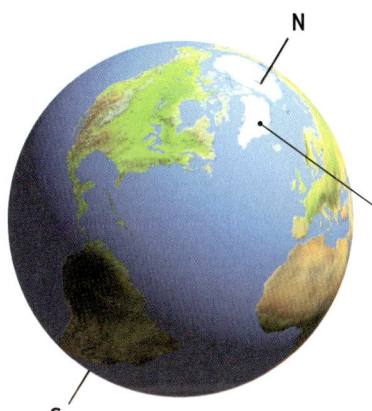

El **inlandsis de Groenlandia** con un espesor promedio de 1,5 km, cubre un área de 1,7 millones de km², el 80% de la isla. Cada año, esta inmensa capa de hielo produce entre 10.000 y 50.000 icebergs con un área promedio de 1,6 km² y una altura de 300 m. Algunos de ellos flotan muy lejos, hasta las aguas tropicales cerca de Bermudas.

inlandsis de Groenlandia

inlandsis de Antártida

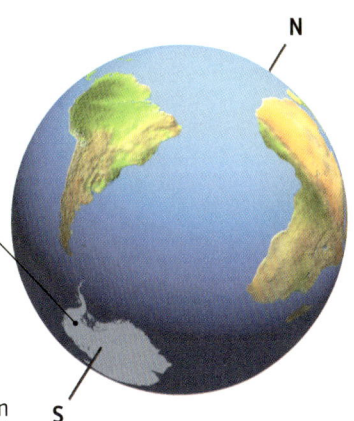

El **inlandsis de Antártida** que cubre 14 millones de km² y tiene un espesor máximo de 4,3 km, contiene el 91% del volumen de hielo del mundo. Esta considerable masa presiona el continente hacia abajo a varios cientos de kilómetros bajo el nivel del mar. Cada año, la placa de hielo produce casi 100.000 icebergs, que en general son diez veces más grandes que los del Ártico.

DIFERENTES FORMAS DE ICEBERG

Los icebergs toman su nombre de la forma que tienen encima del nivel del agua. Los más comunes son los icebergs tabulares, largas placas que se desprenden del inlandsis antártico en grandes números.

iceberg tabular	iceberg domo	iceberg dique seco
iceberg pináculo	iceberg de bloque	iceberg de cuña

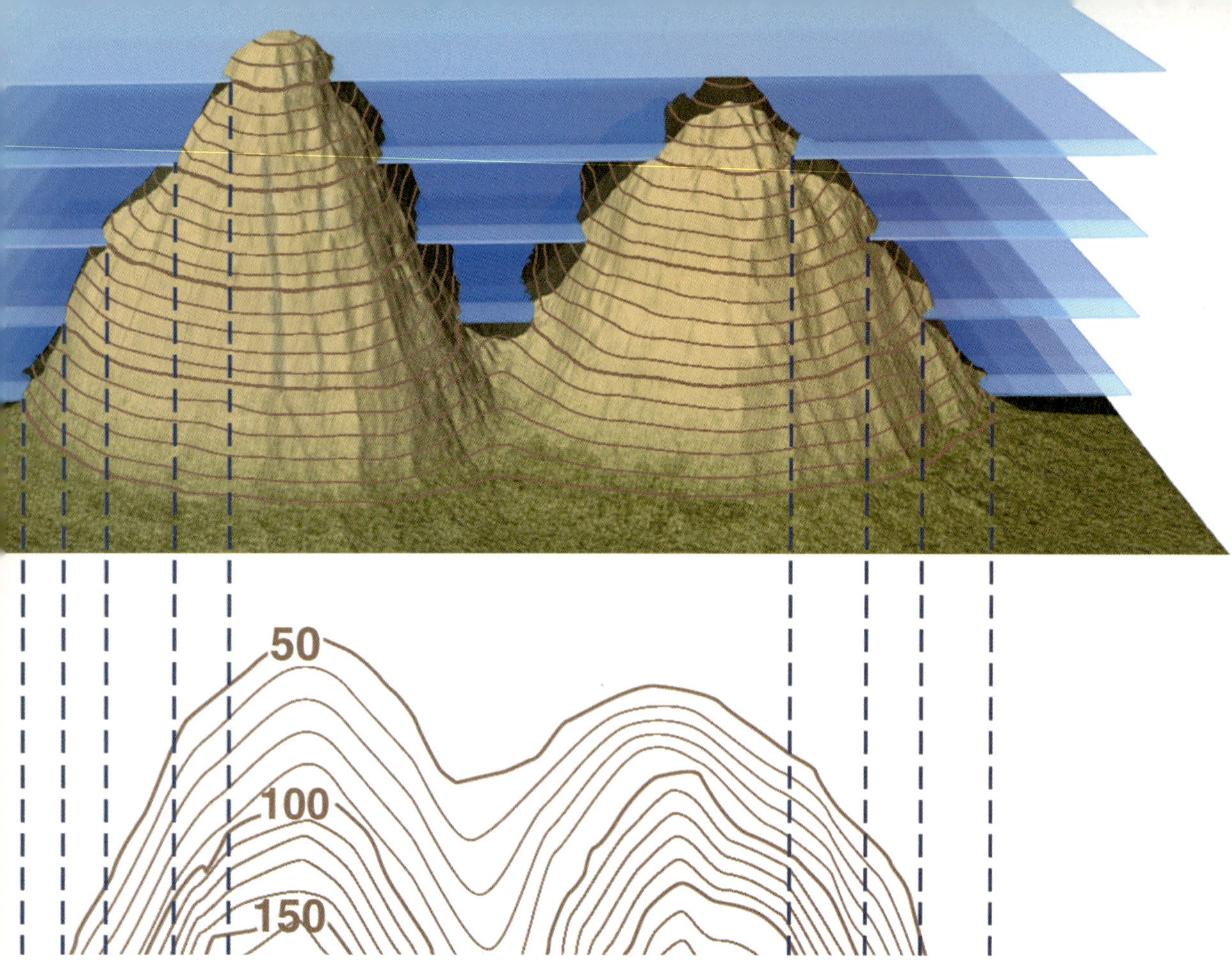

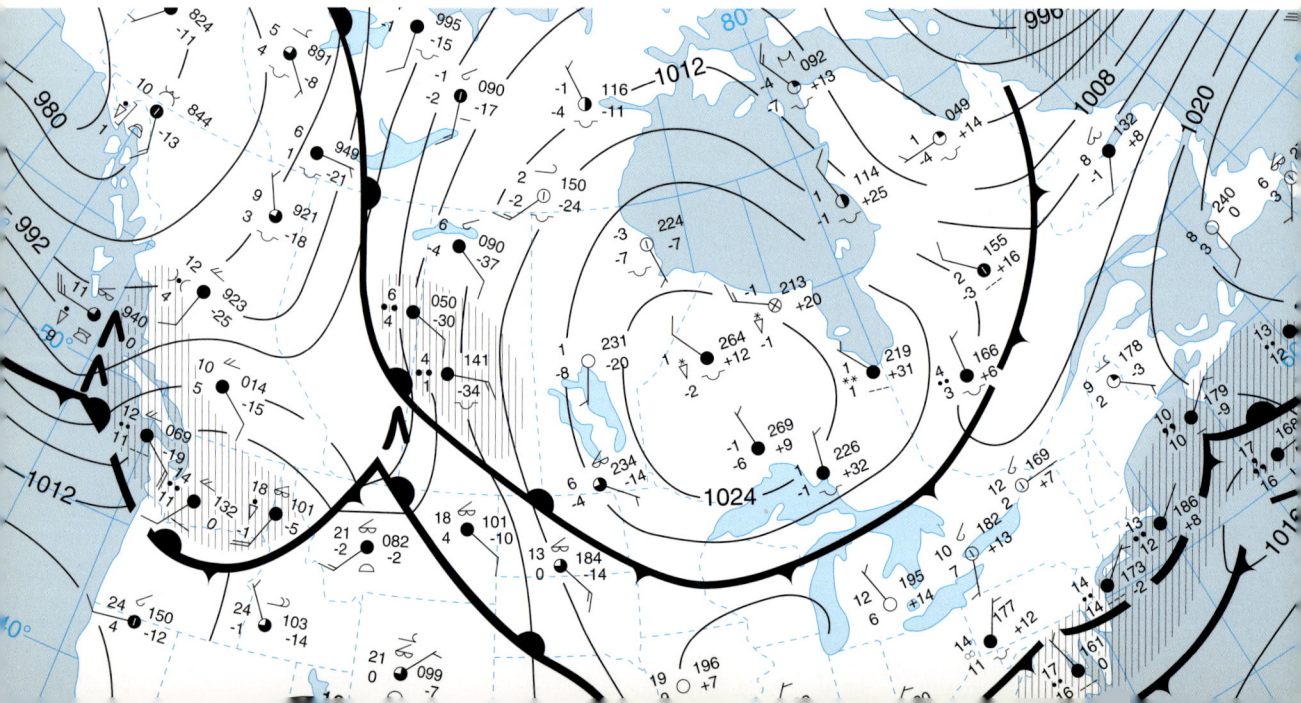

Consultar un mapa del mundo y **encontrar nuestro camino usando el mapa de una ciudad,** nos parece completamente natural. Sin embargo, la transposición de la realidad al papel genera varias preguntas: ¿cómo representamos la ubicación de un lugar específico? ¿Cómo podemos determinar la topografía de una región inaccesible? ¿Cómo mostramos la altitud de una ciudad? Con las técnicas de detección remota más recientes, y los sistemas de convenciones gráficas, la cartografía moderna proporciona **una imagen precisa de nuestro ambiente,** en toda su complejidad física y alterada por el ser humano.

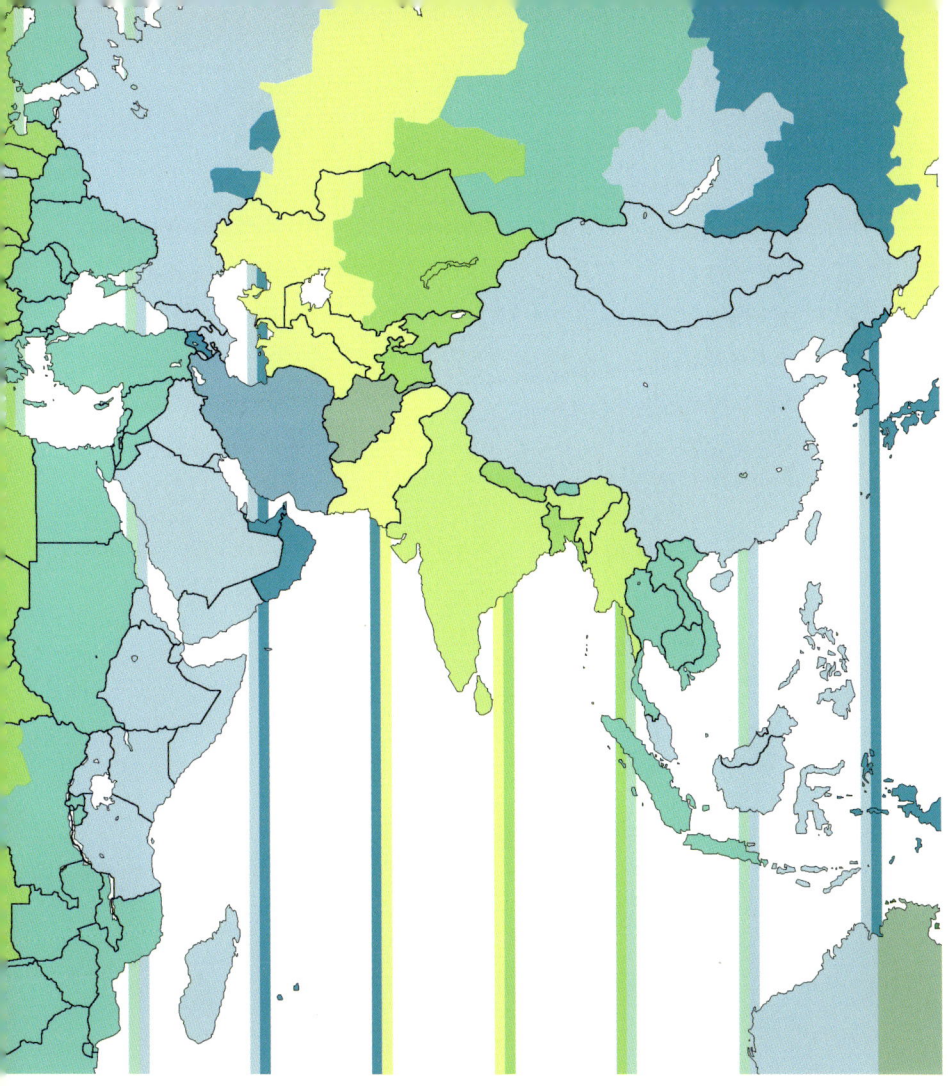

Representaciones de la Tierra

Las coordenadas terrestres
Cómo orientarse sobre la Tierra

Los geógrafos han concebido un sistema de coordenadas esféricas que permite localizar cualquier punto de la Tierra gracias a los ángulos que forma con el plano del ecuador (su latitud) y con un meridiano de origen, en general el de Greenwich (su longitud). La superficie terrestre puede de esta manera imaginarse reticulada por líneas este-oeste (los paralelos) y norte-sur (los meridianos).

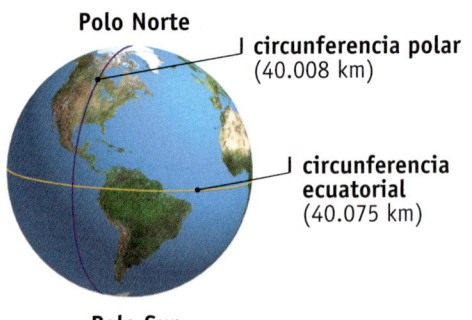

Polo Norte

circunferencia polar
(40.008 km)

circunferencia ecuatorial
(40.075 km)

Polo Sur

UN PLANETA ESFÉRICO

A pesar de su ligero achatamiento en los dos polos, la Tierra presenta una forma casi esférica. Sus circunferencias polar y ecuatorial son por lo tanto casi idénticas.

NORTE Y SUR

El ecuador, el paralelo situado exactamente a mitad de camino entre los polos, divide la Tierra en dos partes: el hemisferio norte y el hemisferio sur.

HEMISFERIO NORTE

Atlántico

Norteamérica

Pacífico

Polo Norte

Asia

Europa

Atlántico

África

Polo Sur

Australia

Pacífico

Suramérica

HEMISFERIO SUR

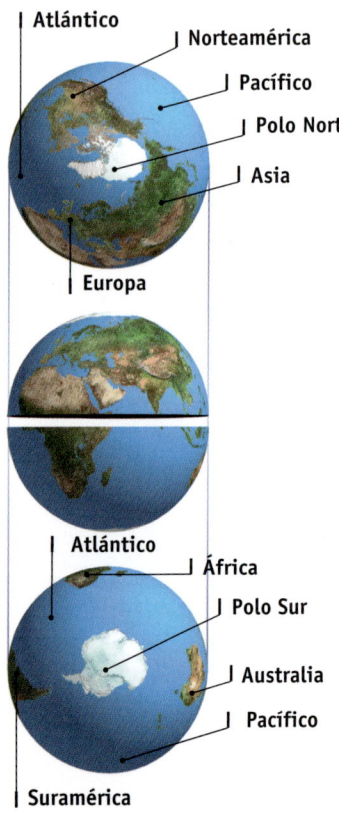

Montreal
(45° 30′ N y 73° 34′ O)

meridiano

El **trópico de Cáncer,** situado a 23° 26′ de latitud norte, es uno de los cinco paralelos fundamentales. El Sol se encuentra ahí en su cenit el 21 de junio, durante el solsticio de verano.

90° O   75° O   60° O

Lima
(12° 03′ S y 77° 03′ O)

El **trópico de Capricornio** está situado a 23° 26′ de latitud sur. Durante el solsticio de invierno, el 21 de diciembre, el Sol se encuentra ahí en su cenit.

ESTE Y OESTE

El meridiano de origen, una línea imaginaria que pasa por la latitud de Greenwich, en Inglaterra, también divide el globo en dos partes: el hemisferio este y el hemisferio oeste.

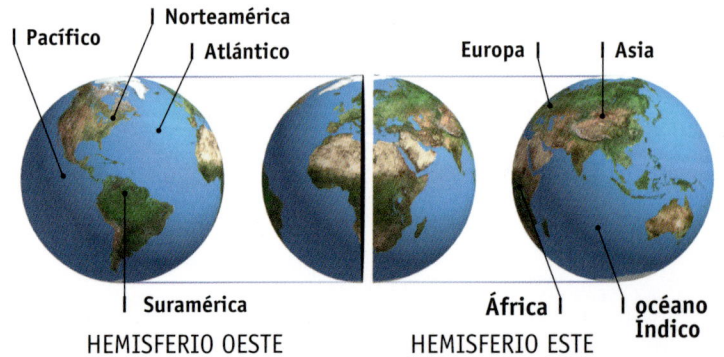

Pacífico

Norteamérica

Atlántico

Europa

Asia

Suramérica

HEMISFERIO OESTE

África

océano Índico

HEMISFERIO ESTE

LOS MERIDIANOS Y LOS PARALELOS

Los **meridianos** son líneas imaginarias convergentes en los polos que unen todos los puntos de la Tierra que tienen la misma longitud. El meridiano de origen (0°) sirve de señal para el cálculo de las longitudes, que varían de 180° O a 180° E.

0°
30° O
30° E
60° O
60° E
90° O
90° E
120° O
120° E
150° O
150° E
180° O
Polo Sur

Los **paralelos** son líneas imaginarias paralelas al ecuador que unen todos los puntos que tienen la misma latitud. Situado en la latitud 0°, el ecuador sirve de señal para el cálculo de las latitudes, que varían entre 90° N (en el Polo Norte) y 90° S (en el Polo Sur).

90° N (Polo Norte)
60° N
30° N
0° (ecuador)
30° S
60° S
90° S (Polo Sur)

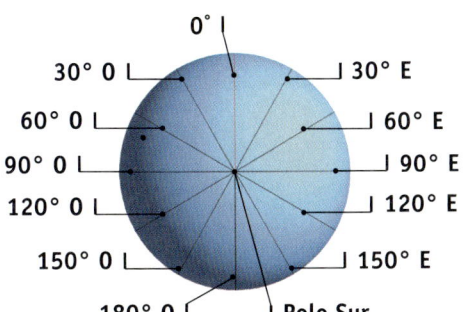

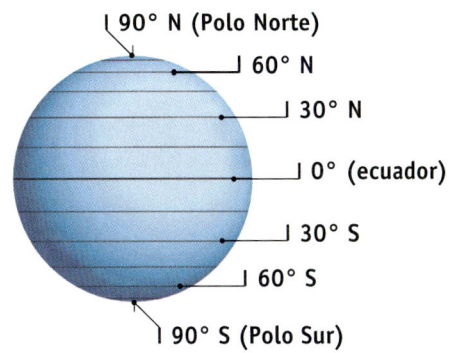

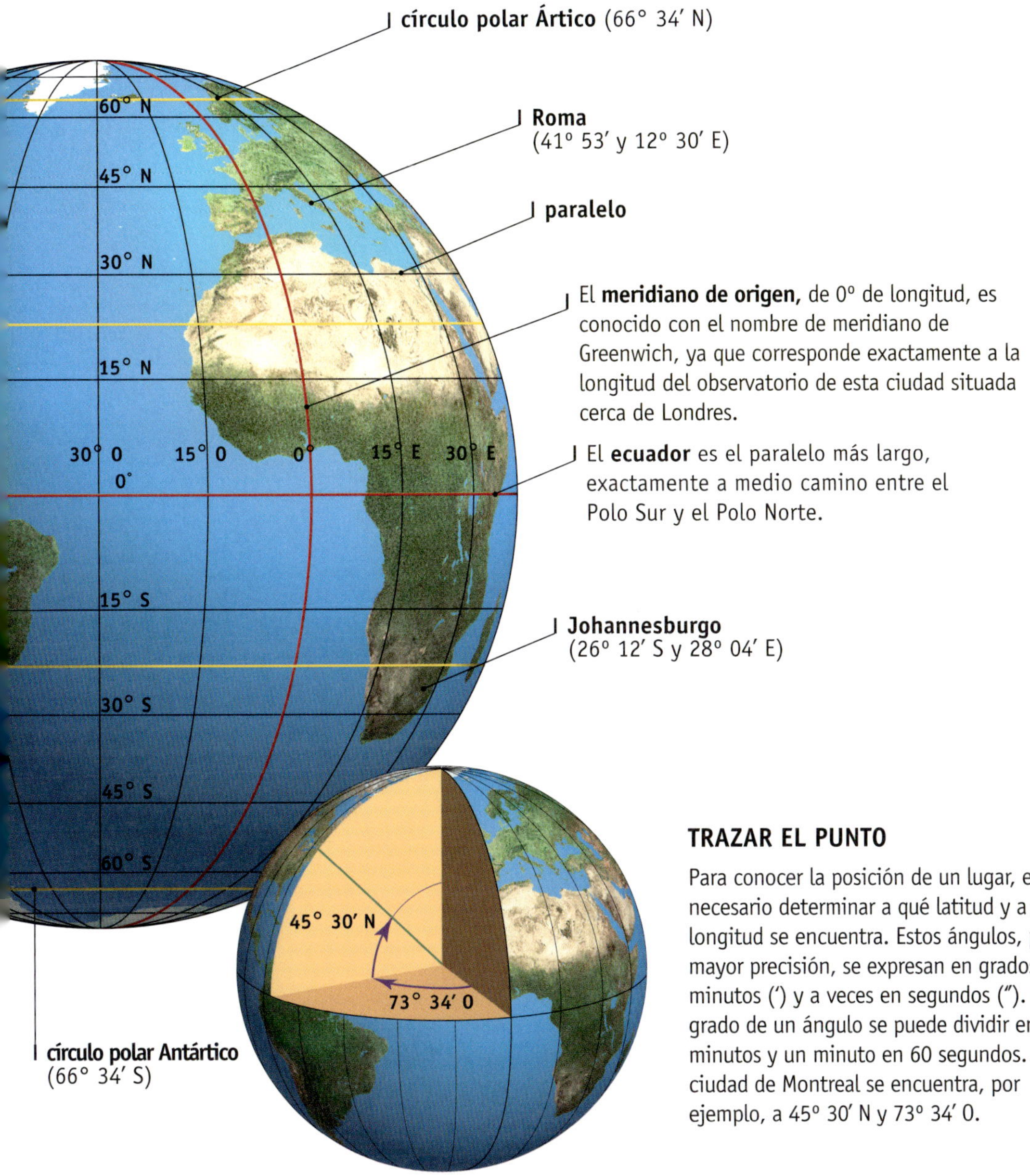

círculo polar Ártico (66° 34′ N)
60° N
45° N
30° N
15° N
30° O
15° O
0°
15° E
30° E
0°
15° S
30° S
45° S
60° S
Roma (41° 53′ y 12° 30′ E)
paralelo
El **meridiano de origen,** de 0° de longitud, es conocido con el nombre de meridiano de Greenwich, ya que corresponde exactamente a la longitud del observatorio de esta ciudad situada cerca de Londres.
El **ecuador** es el paralelo más largo, exactamente a medio camino entre el Polo Sur y el Polo Norte.
Johannesburgo (26° 12′ S y 28° 04′ E)
círculo polar Antártico (66° 34′ S)
45° 30′ N
73° 34′ O

TRAZAR EL PUNTO

Para conocer la posición de un lugar, es necesario determinar a qué latitud y a qué longitud se encuentra. Estos ángulos, para mayor precisión, se expresan en grados (°), minutos (′) y a veces en segundos (″). Un grado de un ángulo se puede dividir en 60 minutos y un minuto en 60 segundos. La ciudad de Montreal se encuentra, por ejemplo, a 45° 30′ N y 73° 34′ O.

Proyección cartográfica

Representación de la Tierra en una superficie plana

A pesar de que la curvatura de la Tierra es a penas perceptible cuando se muestra un área pequeña, se vuelve obvia cuando se representa un continente, y más aún cuando se trata del planeta entero. Para trasponer la superficie de la Tierra a un mapa plano, debe usarse un sistema de proyección, una correspondencia entre la realidad (en tres dimensiones) y su representación (en dos dimensiones).

Existen varios sistemas, pero todos implican la distorsión de áreas, ángulos o distancias. La elección de la proyección cartográfica, por lo tanto, siempre resulta en un acuerdo aceptable para el uso que se le dará.

LAS PROYECCIONES CILÍNDRICAS

Cuando la superficie de la Tierra se proyecta en un cilindro, los meridianos y paralelos se representan en el mapa que resulta como líneas rectas que se cruzan entre sí en ángulos rectos. La zona ecuatorial no queda muy distorsionada, pero las regiones polares aparecen distorsionadas en dirección este-oeste.

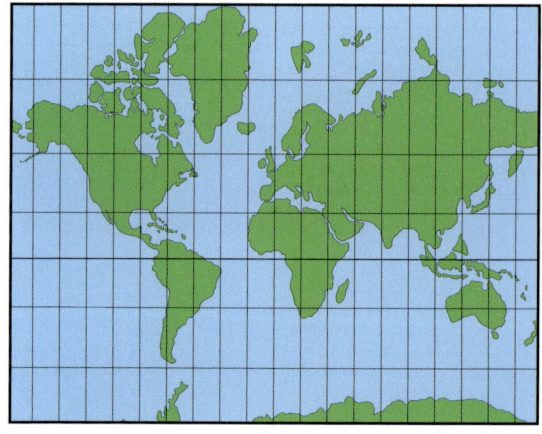

Inventada en 1569 por el geógrafo holandés Gerard Mercator, la **proyección de Mercator** compensa la distorsión este-oeste con una distorsión sur-norte equivalente para las regiones polares. Debido a esto, la proyección de Mercator preserva los ángulos rectos entre los paralelos y los meridianos, y por lo tanto sigue siendo uno de los sistemas más usados para navegación. Sin embargo, la corrección ocasiona que ciertas áreas, especialmente las cercanas a los polos, se vean más grandes.

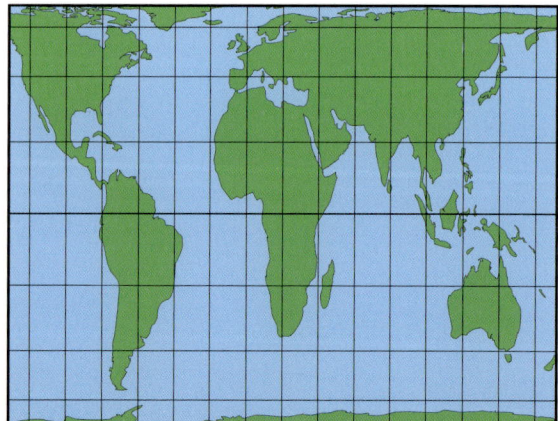

La **proyección de Peters** supone que un cilindro corta la esfera en los paralelos 45º N y 45º S. La distorsión en distancias queda entonces distribuida en el ecuador y en los polos, mientras las latitudes en medio quedan relativamente sin distorsión. Este sistema de proyección preserva los ángulos y las áreas.

PROYECCIÓN DESDE EL AZIMUT

Una **proyección azimutal** (o acimutal) se produce en un plano localizado de modo que sea tangencial al punto en la superficie del planeta. El mapa obtenido es de forma circular y representa sólo un hemisferio. Debido a que la distorsión de las formas se incrementa con la distancia desde el punto de tangencia, este tipo de proyección se usa principalmente para representar las regiones polares.

Si el **punto de tangencia** es un polo, los meridianos aparecen como líneas rectas y los paralelos como círculos concéntricos.

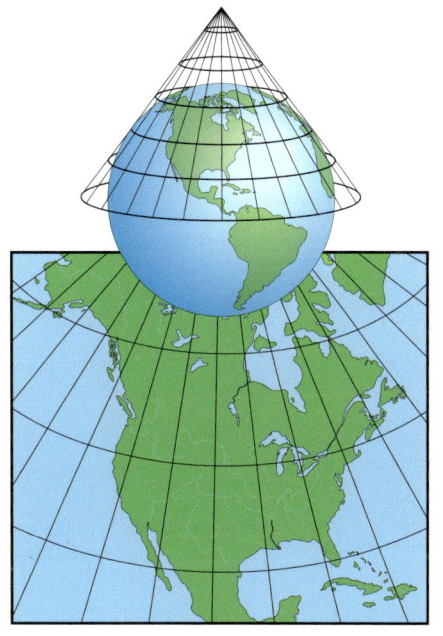

PROYECCIÓN CÓNICA

Una proyección cónica se obtiene proyectando la superficie de la Tierra en un cono en contacto con un paralelo. En el mapa que resulta, con forma de abanico, las distorsiones se hacen más grandes a cada lado de la zona de contacto. Este sistema de proyección, que sólo puede retratar parte del planeta, se usa frecuentemente para producir mapas de regiones en latitudes medias.

LAS PROYECCIONES MEZCLADAS

Usando computadoras, los cartógrafos modernos combinan varios tipos de proyección para producir mapas del mundo de diferentes formas y vistas.

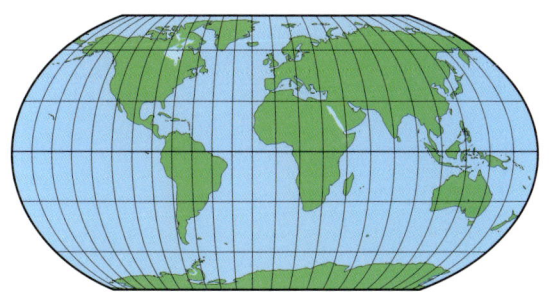

La **proyección de Robinson** en realidad no es una proyección cilíndrica, ya que los meridianos, excepto el principal, no son líneas rectas. Los mapas producidos con este sistema no preservan los ángulos ni las áreas ni las distancias, pero ofrecen un interesante arreglo entre las tres variables.

La **proyección de Goode** que combina dos métodos de proyección, se llama "interrumpido" ya que el mapa que se obtiene no es continuo. Ninguna parte del planeta queda excluida. Las interrupciones se ubican usualmente en la mitad de los océanos, y los continentes se representan con muy poca distorsión.

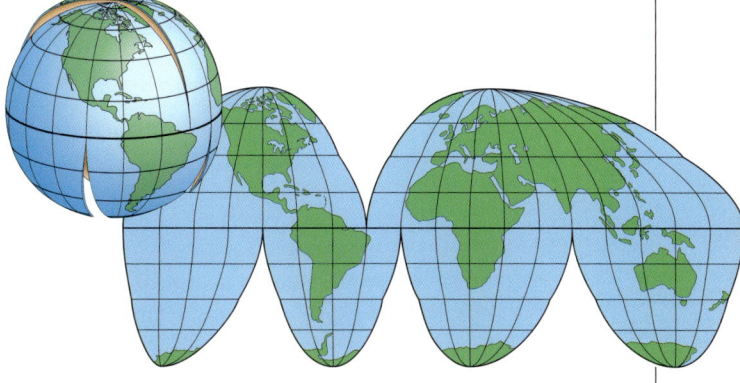

Cartografía

El propósito de un mapa geográfico es transmitir información sobre características naturales y alteradas por el ser humano en una parte de la superficie de la Tierra. El trabajo de un cartógrafo es crear un documento fiel a la topología del terreno y marcarlo con símbolos gráficos que resalten ciertas características. Un mapa es el resultado de una gran cantidad de tiempo dedicado a acumular, investigar y codificar información.

UN TERRITORIO DIVIDIDO EN TRIÁNGULOS

El primer paso para hacer un mapa es determinar precisamente el número de puntos en la región que se va a retratar: a esto se le llama levantamiento. Las medidas del terreno se toman usando un procedimiento llamado triangulación. Después de determinar precisamente la distancia entre dos puntos, el cartógrafo elige un tercer punto y luego mide los ángulos que se forman con la base del triángulo. Se usa el cálculo trigonométrico para determinar las longitudes de los otros dos lados del triángulo. De punto a punto, se construye una retícula básica desde la cual se puede hacer el levantamiento de todo el territorio.

Un **punto geodésico** es un punto en el territorio cuyas coordenadas se han medido con precisión.

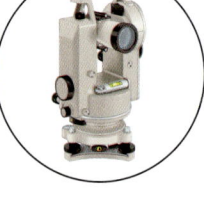

Un **teodolito** se usa para medir ángulos con precisión.

NIVELACIÓN

La forma más precisa para determinar la altitud de un punto en la retícula geodésica es un método llamado nivelación directa. Consiste en comparar dos barras de metal, una colocada en el punto a medir (B), y la otra en un punto cercano, cuya altitud ya se conoce (A). Un nivel óptico colocado a una distancia igual entre las dos barras niveladas determina la diferencia de altitud entre los dos puntos. Esta operación se realiza de punto a punto sobre todo el territorio, empezando por el nivel de base (nivel del mar).

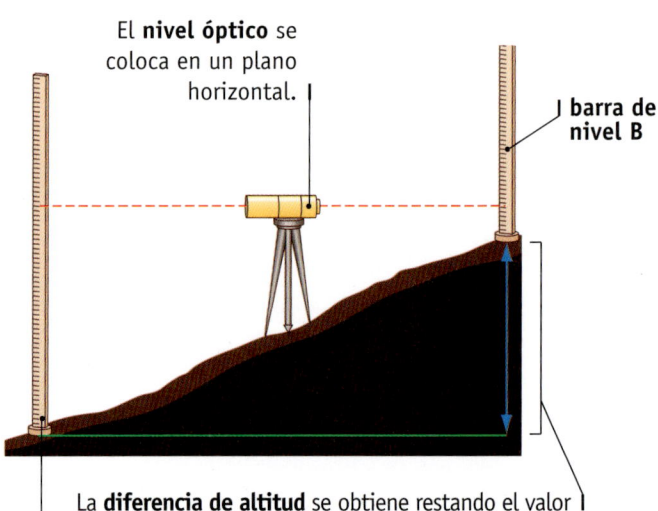

El **nivel óptico** se coloca en un plano horizontal.

barra de nivel B

La **diferencia de altitud** se obtiene restando el valor en la barra de nivel B del de la barra de nivel A.

barra de nivel A

FOTOGRAFÍA AÉREA

La retícula geodésica es un marco de referencia básico al que deben añadírsele muchos otros datos. Desde mediados del siglo XX, los levantamientos de estos elementos se han realizado generalmente usando la fotografía aérea. Un aeroplano vuela a una altitud, velocidad y dirección constante sobre el territorio al que se le hará el levantamiento y toma fotografías a intervalos regulares, en donde cada fotografía se empalma sobre una parte de la fotografía anterior. Usando las partes empalmadas de las dos fotografías sucesivas, el cartógrafo puede ver el territorio en tres dimensiones con un estereoscopio.

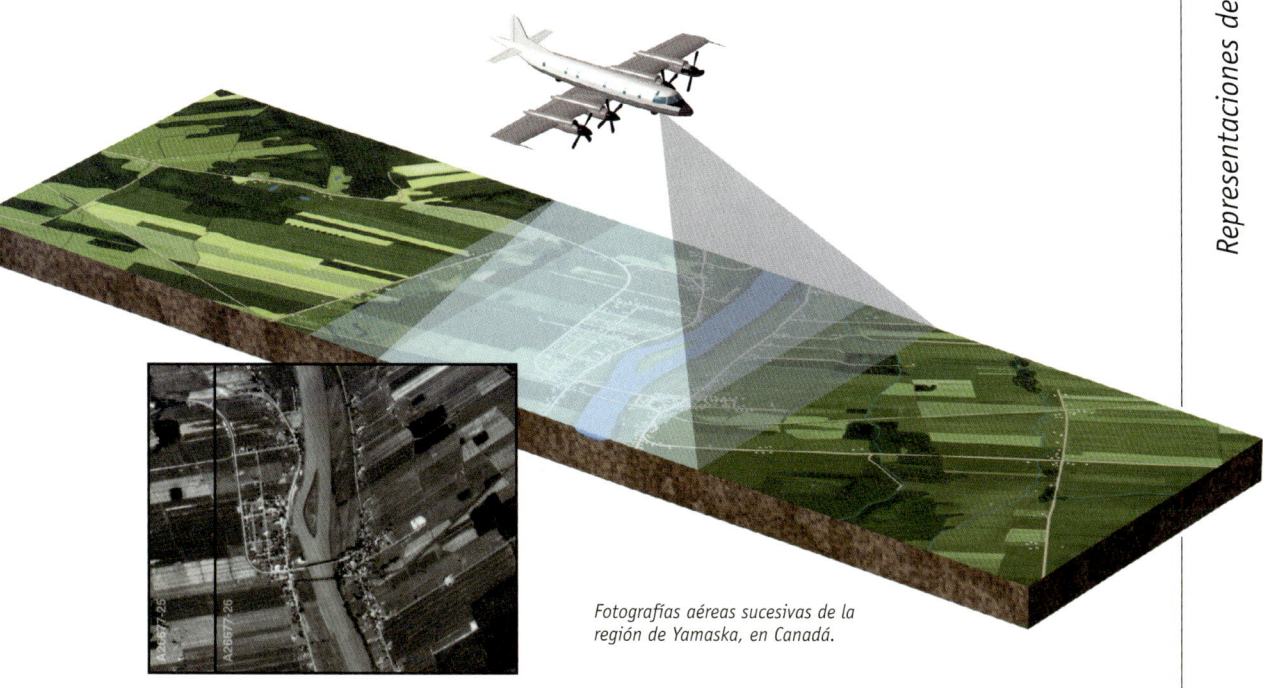

Fotografías aéreas sucesivas de la región de Yamaska, en Canadá.

EL MAPA BASE

Un levantamiento complementario de campo, un estudio adicional del territorio, proporciona datos que la fotografía aérea no puede: nombres de lugares, tipo de caminos, elementos escondidos por la vegetación y demás. Toda la información que se obtiene luego se usa para dibujar un mapa muy preciso del territorio, generalmente a una escala de 1/20.000. Este mapa base se usará como referencia para la creación de todo tipo de mapas derivados.

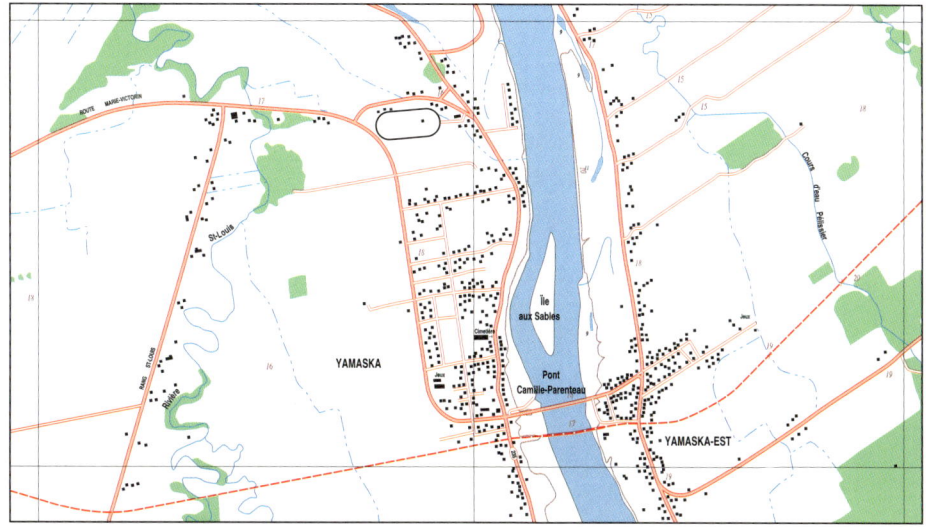

Mapa base (1/20.000) de la región de Yamaska, en Canadá.

Convenciones cartográficas

Herramientas para leer un mapa

Para representar la realidad, el cartógrafo debe trasladar datos que se han reunido a elementos gráficos comprensibles. Este complejo proceso se basa en símbolos convencionales, definidos en la leyenda del mapa, que los lectores deben aprender a interpretar. Además de los símbolos gráficos (pictogramas, colores, retículas, tipografía), los mapas usan otras convenciones, como escala, orientación y generalización.

ESCALAS

Las distancias dibujadas en un mapa son proporcionales a las distancias que representan. Esta razón constante, que es la escala del mapa, se expresa ya sea con una fracción o gráficamente. Cada escala tiene sus ventajas: un mapa a gran escala muestra más detalles, mientras un mapa a escala menor muestra un área más grande.

Cuanto más pequeña sea la escala de un mapa, más sencillos y selectos deben ser los trazos. A este ajuste se le llama generalización. En una escala de 1/1.300.000, 1 cm en el mapa representa 13 km en tierra ❶. En una escala de 1/400.000, 1 cm representa 4 km en tierra ❷. En una escala de 1/130.000, 1 cm en el mapa representa 1,3 km en tierra ❸.

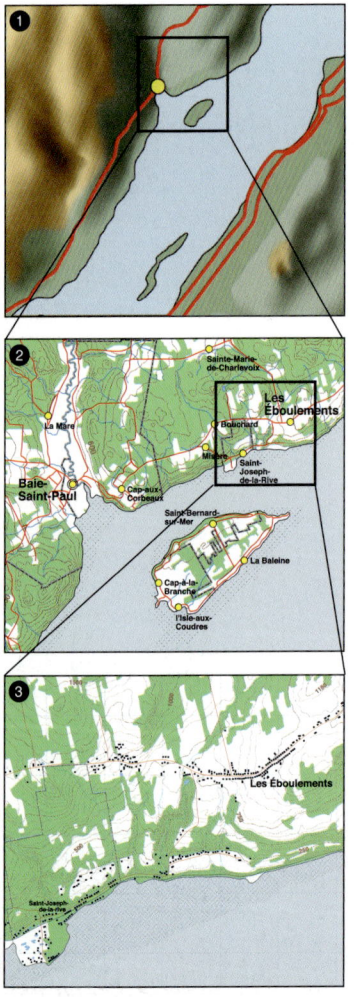

La **línea de escala** expresa visualmente la relación entre la escala de un mapa y la realidad.

número de carretera

distancia en kilómetros

línea divisoria

Las **variaciones tipográficas** (estilos, colores, tamaño de los caracteres) permiten diferentes niveles de lectura.

altitud

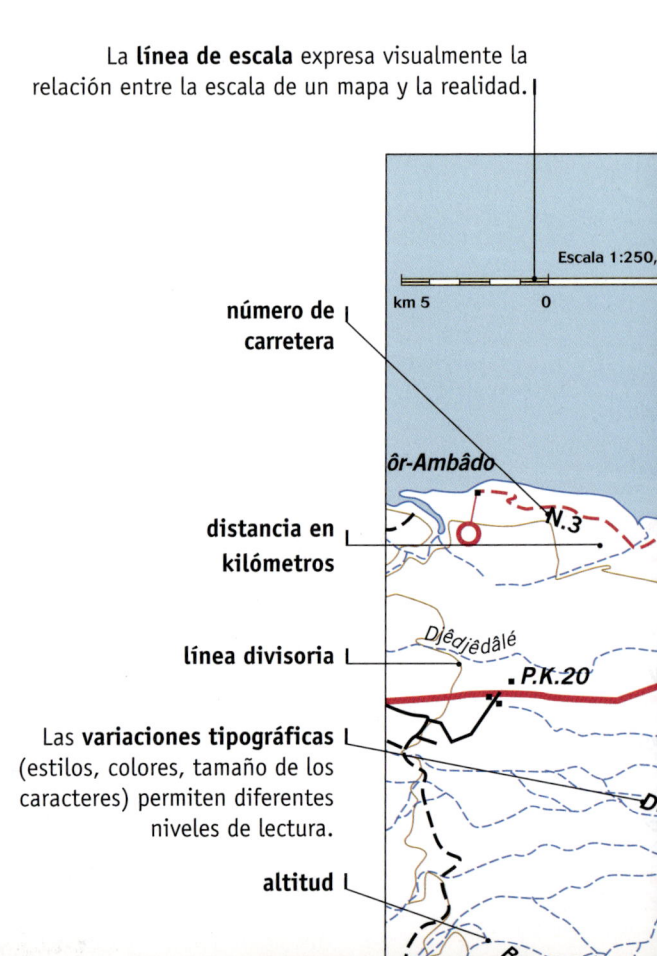

CÓMO LEER UN MAPA

Los mapas de todos tipos usan convenciones gráficas para expresar la realidad. A menudo se usan colores para representar altitudes, crear una jerarquía entre diferentes elementos (como los caminos), y diferenciar entre zonas adyacentes. La forma de los símbolos, ya sea que describa la realidad que representan o no, pueden variar grandemente. Se usa texto para colocar nombres, que pueden estar enlistados en un índice. Se puede crear una jerarquía con variaciones tipográficas, por ejemplo usando letras mayúsculas o minúsculas. Además de indicar latitud y longitud, algunos mapas tienen una retícula alfanumérica (compuesta de números y letras) para proporcionar puntos de referencia.

La **leyenda** es el conjunto de instrucciones de operación de un mapa. Es un inserto que le proporciona al lector el significado de todos los símbolos utilizados: características del relieve, caminos, tamaño de las ciudades, tipos de vegetación, hidrografía, etc.

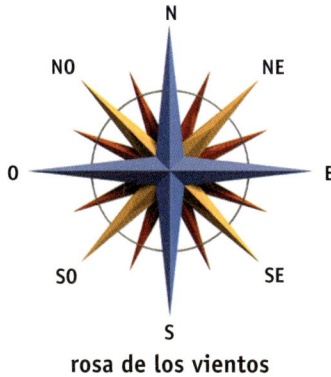

rosa de los vientos

	Camino pavimentado	
	Camino no pavimentado	
	Sendero	
	Vías de ferrocarril	
	Zona urbana	
Pueblo	Asentamiento	
Mezquita	Iglesia	
Oficina postal		
Hospital	Dispensario	
Escuela	Mercado	
Poste	Estación de policía	
Hotel	Gasolinería	
Límite de zona regulada		
Bosque	Tierra inundable	
Terraplén		
Faro	Naufragio	
Aeropuerto		
Curso de agua temporal		
Depósito de agua		

Aunque por convención, la parte de arriba de un mapa generalmente indica el norte, su orientación es frecuentemente expresada, ya sea simplemente con una flecha que apunta al norte, o con una **rosa de los vientos** que indica los cuatro puntos cardinales (Norte, Este, Sur, Oeste) y las posiciones intermedias (Noreste, Sureste, Suroeste y Noroeste).

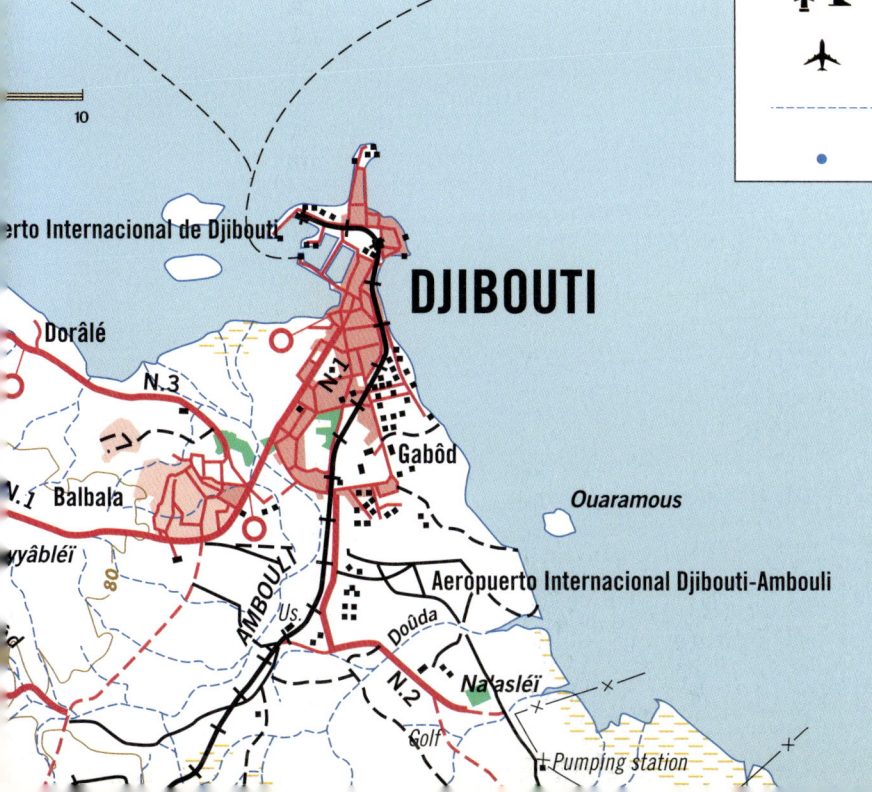

Mapas físicos y topográficos

La ilusión de relieve

El objetivo de los mapas físicos y topográficos es proporcionar la versión más exacta posible de la superficie de la Tierra (características del relieve, cursos de agua, extensiones de agua, caminos, ciudades, etc.). Se usan varias técnicas para representar las características del relieve: líneas de contorno, una escala de colores o sombreados.

LÍNEAS DE CONTORNO

Las líneas de contorno son líneas imaginarias que relacionan todos los puntos localizados a la misma altitud. Le permiten al lector reconocer diferentes tipos de características del relieve: las líneas muy espaciadas corresponden a una superficie casi plana, mientras las líneas colocadas más juntas ilustran una ladera pronunciada. Por lo tanto es posible distinguir colinas, acantilados, valles, plataformas, llanos, etc.

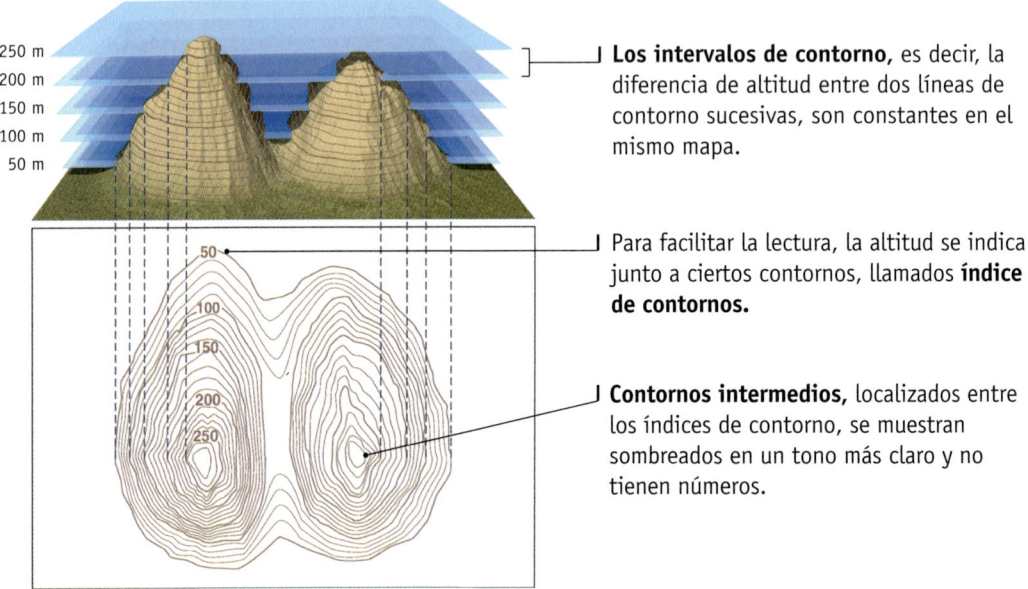

Los intervalos de contorno, es decir, la diferencia de altitud entre dos líneas de contorno sucesivas, son constantes en el mismo mapa.

Para facilitar la lectura, la altitud se indica junto a ciertos contornos, llamados **índice de contornos.**

Contornos intermedios, localizados entre los índices de contorno, se muestran sombreados en un tono más claro y no tienen números.

EL MAPA TOPOGRÁFICO

Dibujado a una escala mayor, el mapa topográfico cubre sólo un territorio pequeño. Su precisión extrema significa que representa las características del relieve del terreno: vegetación, cursos de agua, construcciones, caminos, etc. También indica los límites territoriales y el nombre de los lugares.

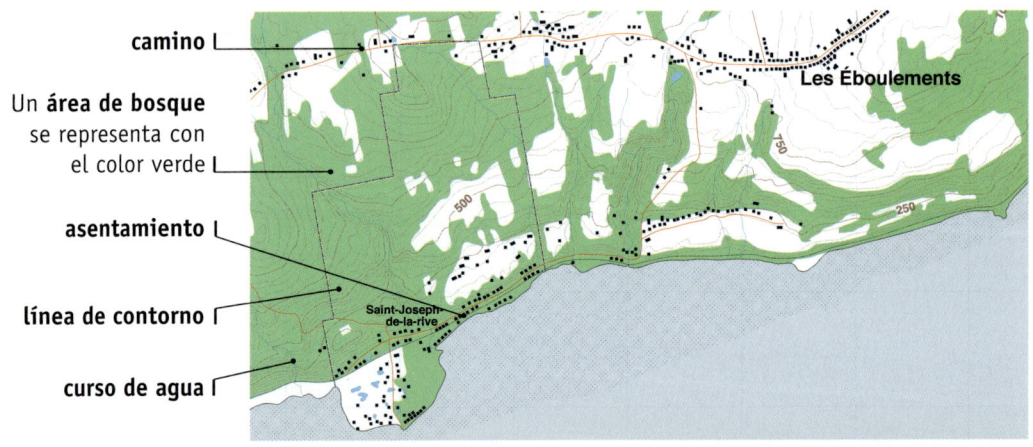

camino

Un **área de bosque** se representa con el color verde

asentamiento

línea de contorno

curso de agua

Les Éboulements

Saint-Joseph-de-la-rive

ESCALAS DE COLOR

En mapas físicos de menor escala, las líneas de contorno se usan con poca frecuencia. Son reemplazadas por áreas de color correspondientes a los niveles de altitud. El significado de los colores se da en una leyenda.

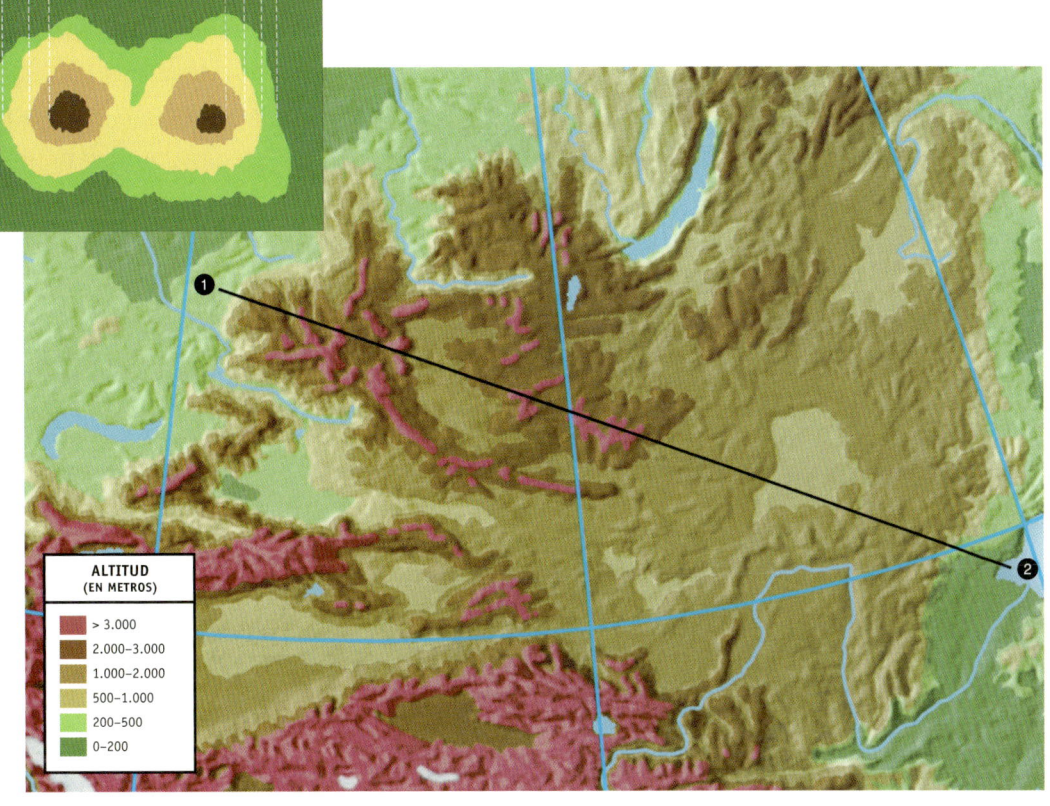

ALTITUD
(EN METROS)

	> 3.000
	2.000–3.000
	1.000–2.000
	500–1.000
	200–500
	0–200

CARACTERÍSTICAS DEL RELIEVE DE PERFIL

Una vista de corte transversal de un área muestra la variación del relieve junto a una línea recta anotada en el mapa.

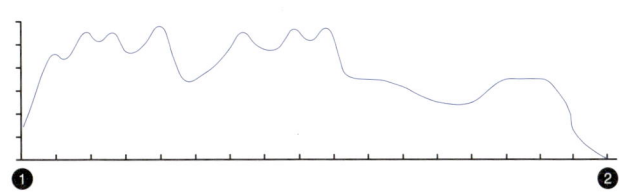

La **fuente de luz** nunca se da explícitamente en el mapa; la orientación de las sombras proporciona una indicación.

valle

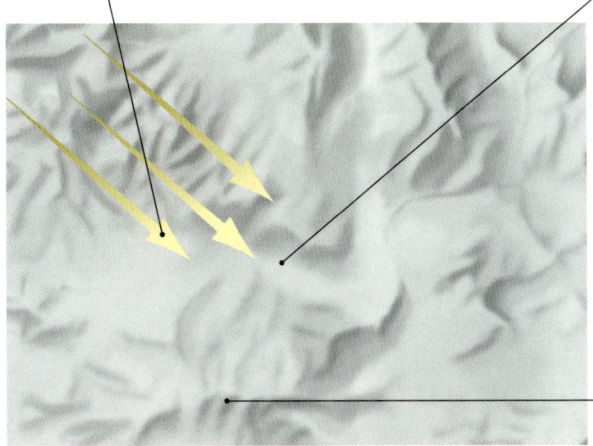

arista

SOMBREADO DEL RELIEVE

El sombreado del relieve es una técnica gráfica que da la ilusión de relieve. Los cartógrafos simulan los efectos de una fuente de luz sombreando ligeramente las laderas bajo la sombra. Esta técnica no da una indicación de la altitud, pero las regiones montañosas pueden distinguirse fácilmente de los llanos y plataformas. También se pueden ver los valles y las montañas.

Mapas temáticos

Una variedad de aplicaciones

La cartografía no se limita a indicar los aspectos físicos de un territorio. Es capaz de representar gran variedad de fenómenos cuantitativos y cualitativos, si se pueden ubicar geográficamente. Los mapas temáticos usan un mapa topográfico como fondo, pero dejan por fuera la mayoría de los detalles para resaltar algún fenómeno muy específico usando un lenguaje gráfico. Una gran variedad de temas puede representarse en un mapa temático: clima, demografía, recursos naturales, economía, e incluso fenómenos que cambian con el tiempo.

EL LENGUAJE GRÁFICO DE LOS MAPAS TEMÁTICOS

Los mapas temáticos usan un lenguaje gráfico altamente estructurado. Los símbolos visuales usados para ubicar un fenómeno indican el tipo de instalación, que puede ser locación (ciudad), lineal (vía de ferrocarril) o zonal (densidad de población). Las variaciones en el tamaño, forma o color, distinguen los diferentes símbolos gráficos de acuerdo con criterios cualitativos, cuantitativos e incluso jerárquicos.

El **tamaño** de los símbolos puede variar para expresar diferentes cantidades.

La variación en las **formas** distingue entre diferentes elementos del mapa.

Tonos de color progresivos crean una jerarquía.

El **fondo** de un mapa temático es un mapa topográfico del que se han eliminado la mayoría de los detalles; sólo se retienen las características principales.

Un mapa temático que muestra la relación entre ciertos fenómenos es un **mapa de símbolos.**

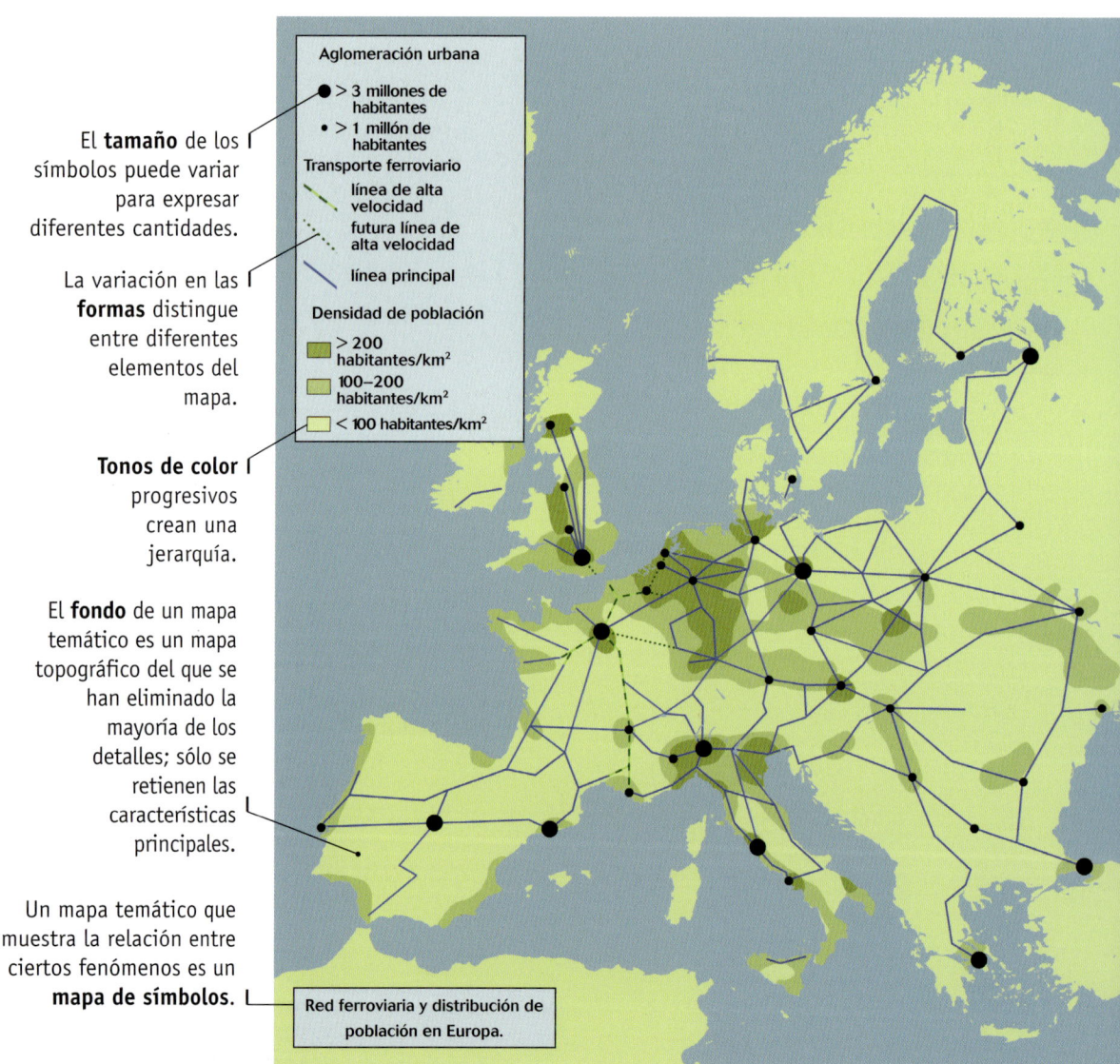

Red ferroviaria y distribución de población en Europa.

LOS MAPAS A TRAVÉS DE LA HISTORIA

A diferencia de los mapas topográficos, que presentan el estado de un territorio en un momento dado, los mapas temáticos pueden expresar la evolución de fenómenos a lo largo del tiempo, mediante diferentes técnicas cartográficas.

El mapa ❶ usa un rango de colores para representar el crecimiento de la Unión Europea, al incorporarse nuevos países. La gradación de colores (cada uno corresponde a un año) da la impresión visual de progreso en el tiempo.

En el mapa ❷, que muestra la migración de los gitanos en Europa, el paso del tiempo se representa mediante una serie de flechas que relacionan lugares donde estos pueblos nómadas se han asentado con el tiempo. La fecha en que los gitanos llegaron se indica directamente en el mapa junto al nombre de la ciudad.

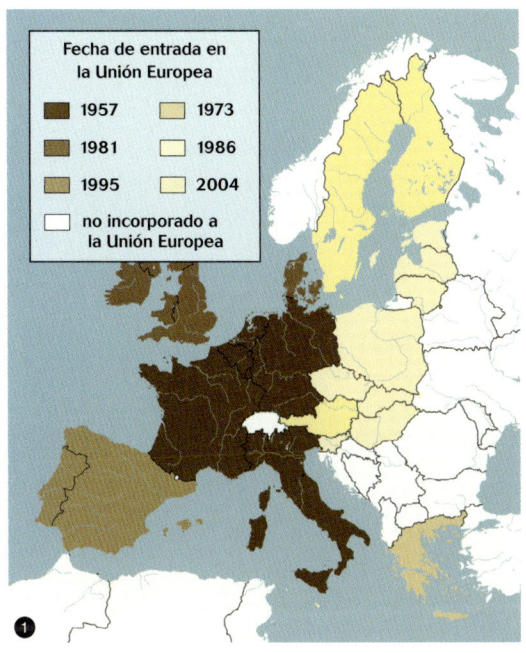

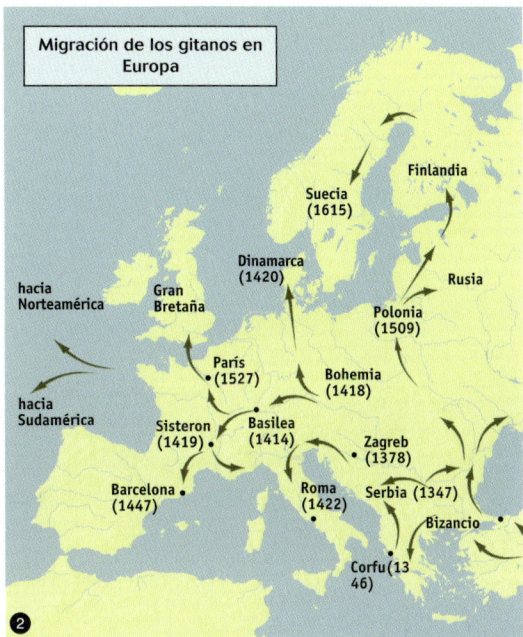

MAPAS METEOROLÓGICOS

Los meteorólogos han desarrollado un complejo sistema de signos gráficos y convenciones para hacer una representación muy precisa del estado atmosférico de una región, en un momento dado. Los mapas meteorológicos generalmente no tienen leyendas, ya que este sistema depende de una codificación internacional muy estricta.

Los **frentes atmosféricos** se muestran con líneas más gruesas.

Las **isobaras** son líneas que unen a todos los puntos con la misma presión atmosférica.

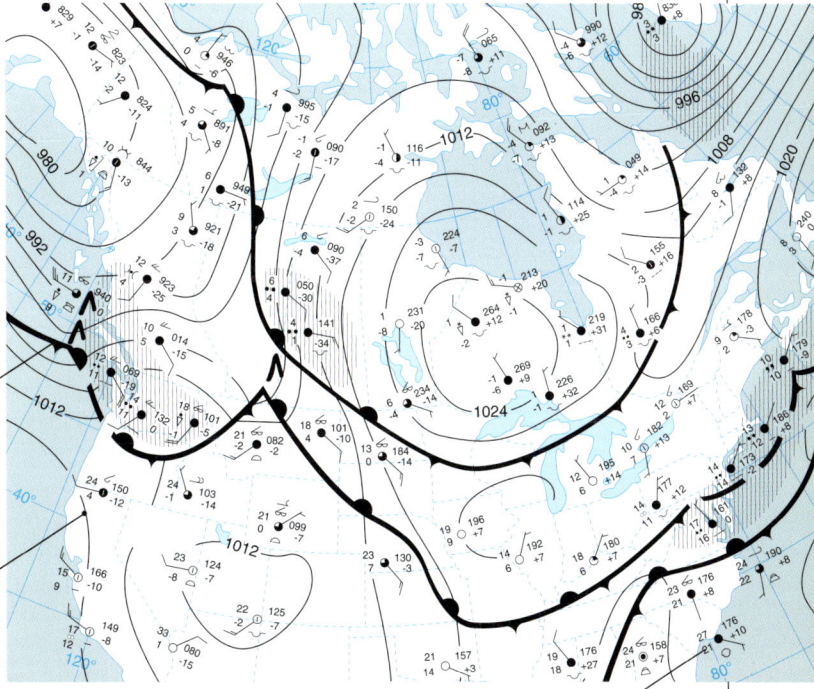

Los **símbolos** indican el tipo de precipitación y fuerza y dirección de vientos, en cada estación meteorológica.

Detección remota
La observación de la Tierra desde las alturas

La mayoría de las estructuras y fenómenos geológicos se extienden por distancias considerables, lo que los hace imposibles de observarse a escala humana. La detección remota, la adquisición de información a distancia, usa diferentes técnicas de imagen (fotografía, radar, sonar) que permiten examinar mejor la superficie del planeta. Los datos reunidos tienen aplicaciones en diversas disciplinas, de la cartografía a la agricultura.

FOTOGRAFÍA AÉREA

La fotografía, que captura longitudes de onda en el espectro visible, es el sistema de detección remota más antiguo y simple. Las primeras fotografías aéreas fueron tomadas desde un globo por el francés Félix Nadar en 1858.

DETECCIÓN REMOTA POR ECO

El radar y el sonar son instrumentos de detección remota que usan el principio del eco para detectar masas a la distancia. En ambos casos, las ondas se emiten en una cierta frecuencia, luego la parte de la radiación que el objeto refleja es capturada y analizada para determinar su posición y distancia. Los datos recibidos se usan para producir automáticamente una imagen de la zona observada.

El **radar** (acrónimo de radio detection and ranging, detección y rango de radio), instalado en un aeroplano, emite ondas hacia la tierra.

Las **ondas de radio** emitidas por el radar son parcialmente reflejadas por el objetivo.

ruta del avión

Una imagen de radar muestra diferentes tipos de vegetación.

Usado principalmente para hacer los mapas del fondo marino, el **sonar** (sound navigation ranging, rango de navegación por sonido) se instala en un barco.

Una imagen de sonar muestra el relieve del fondo marino.

Las **ondas de ultrasonido** emitidas por el sonar se reflejan en el fondo marino, con lo que puede calcularse su profundidad con precisión.

SENSORES PASIVOS Y ACTIVOS

Los satélites que observan la superficie de la Tierra también usan radar. En el proceso clásico de detección remota, la radiación natural del Sol ❶, parcialmente reflejada ❷ por la mayoría de las superficies, es recogida por un sensor pasivo ❸. Pero a veces las condiciones atmosféricas evitan la iluminación solar del objetivo. Entonces se usa un sensor activo ❹, capaz de emitir radiación electromagnética ❺ en diferentes frecuencias y capturar la parte reflejada de la tierra ❻. En ambos casos, el sensor envía ❼ los datos en bruto a la estación de tierra ❽ para su análisis e interpretación.

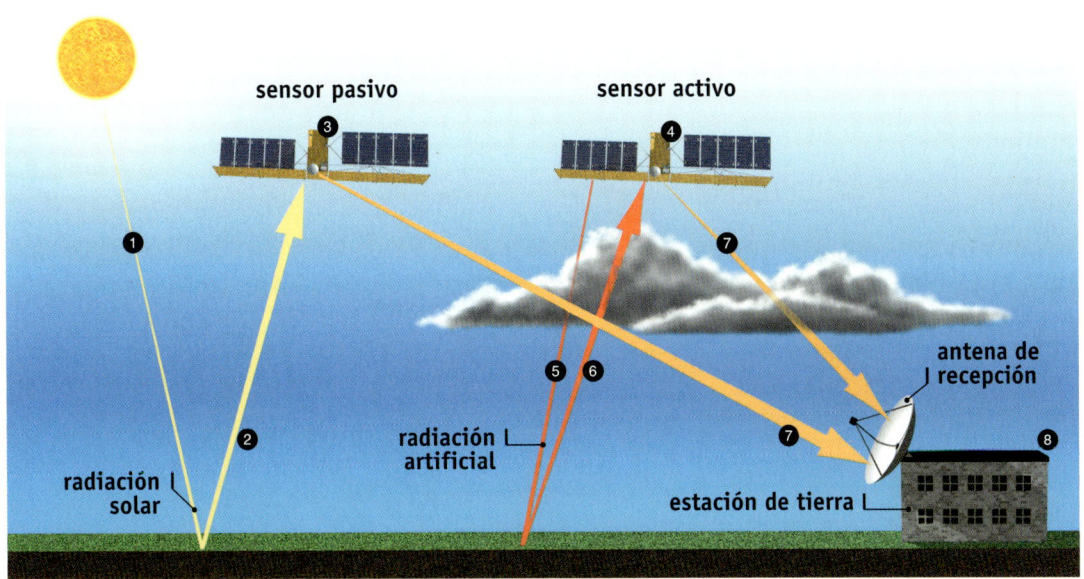

SIGNATURA ESPECTRAL

Cada objeto emite y refleja la radiación electromagnética de acuerdo con sus propiedades físicas. Al medir esta radiación se determina la reflectancia del objeto, la relación entre la radiación que ha recibido y la reflejada en una longitud de onda determinada. Esta conducta espectral de un objeto es su signatura.

SUPERFICIES DISTINTAS

La signatura espectral de un objeto es a veces la única forma de distinguirlo entre varios cuando se observa desde el espacio. Mientras una vegetación saludable se ve azul cuando se la detecta en el espectro infrarrojo, los árboles enfermos aparecen en rojo.

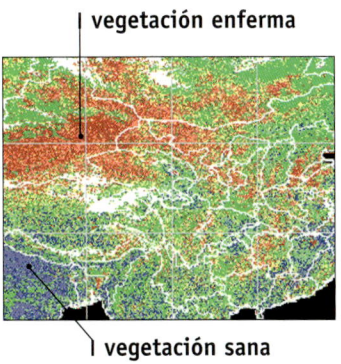

vegetación enferma

vegetación sana

Satélites y transbordadores

Ojos en el espacio

Hasta hace poco no teníamos mapas muy detallados del planeta entero, pues algunas regiones eran difíciles de acceder y las condiciones climáticas a veces evitaban que los aeroplanos las sobrevolaran o su equipo fotografiara la superficie. El uso del radar por satélites de detección remota ahora ha hecho posible elaborar mapas completos y precisos de la superficie de la Tierra.

La observación con un **rayo común** ❶ muestra la mayoría de las formaciones geológicas de la isla de Maui, en el archipiélago de Hawai.

Un **rayo de resolución fina** ❷ muestra las pistas del aeropuerto de la isla.

RADARSAT ESTUDIA LA TIERRA

El satélite canadiense Radarsat 1, lanzado en 1995, observa los cambios ambientales y el uso de los recursos de la Tierra. Ya que el satélite tiene una órbita polar y el planeta rota hacia el este, cada paso de Radarsat se cambia al oeste en relación con el anterior. Esto permite que se cubra toda la superficie de la Tierra.

El potente radar de apertura sintética (SAR) de Radarsat, es capaz de recoger imágenes de la Tierra de día y de noche y en todas las condiciones climáticas. Puede dirigir varios tipos de rayos a lo largo de un corredor de 500 km de ancho a resoluciones entre 8 m y 100 m y a ángulos de incidencia de 20º a 49º.

rotación de la Tierra

rotación de Radarsat

rayo de observación

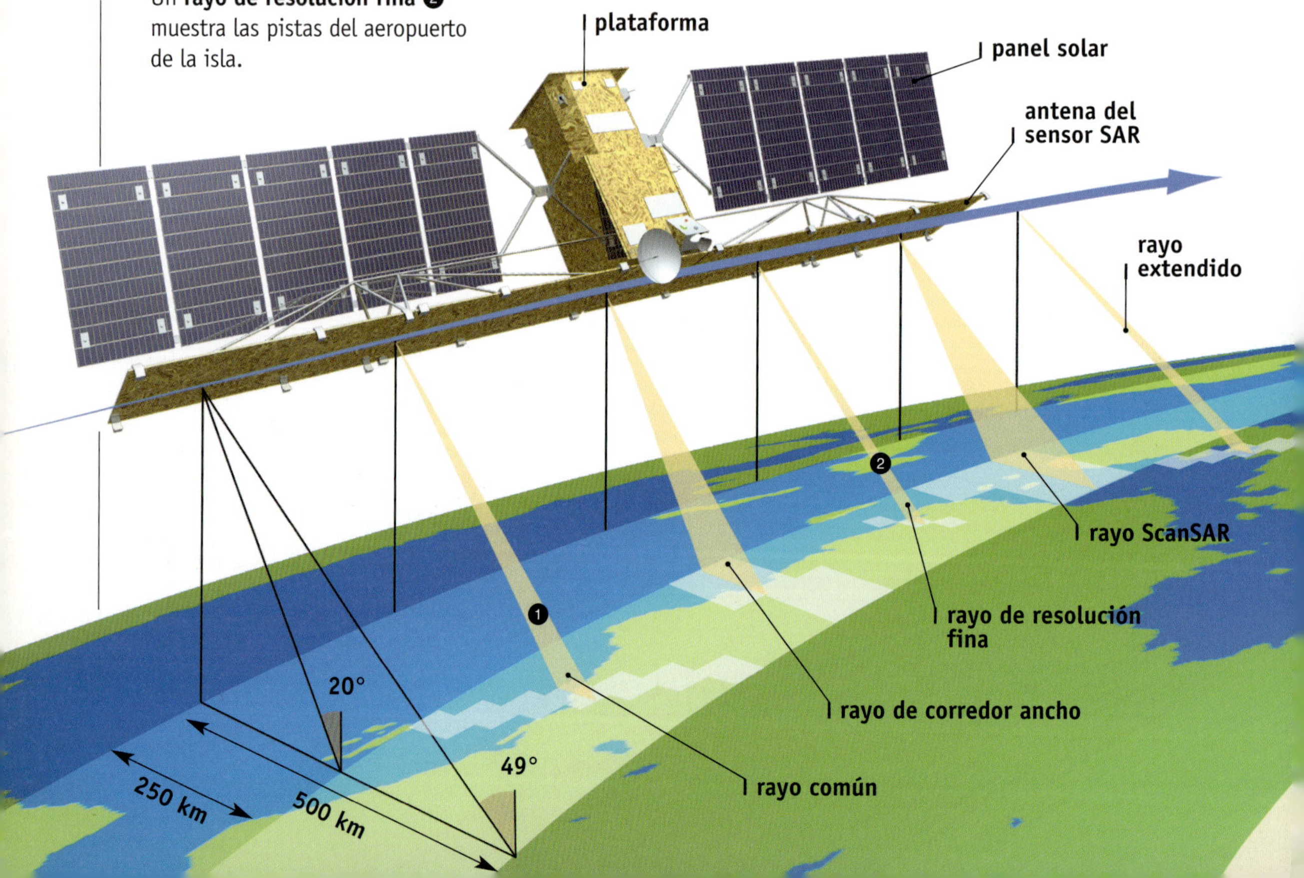

plataforma

panel solar

antena del sensor SAR

rayo extendido

rayo ScanSAR

rayo de resolución fina

rayo de corredor ancho

rayo común

20°

49°

250 km

500 km

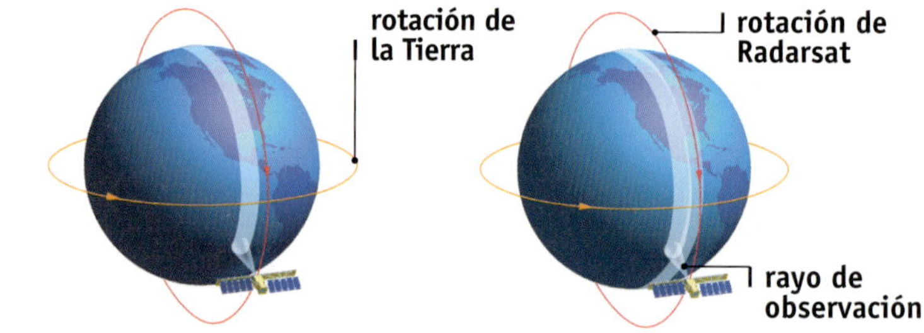

EL SISTEMA SRTM

En febrero de 2000, la NASA condujo la misión más ambiciosa de mapeo de la Tierra hasta entonces, llamada SRTM (Shuttle Radar Topography Mision). El sistema SRTM, instalado en el transbordador espacial Endeavour, observó todas las masas de tierra localizadas entre los paralelos 60° norte y 56° sur, donde vive el 95% de la población del mundo. El grupo de imágenes tomadas por el SRTM durante sus diez días de vuelo forman el mapa topográfico más completo y preciso de la Tierra jamás hecho.

CÓMO MAPEA LA TIERRA EL SRTM

La antena principal del SRTM emite ondas de radio en la banda C (3,9 a 6,2 GHz) y en la banda X (5,2 a 10,9 GHz) hacia la zona que se va a mapear. La zona refleja la radiación con una intensidad que depende de la naturaleza de su superficie y su relieve. Las dos antenas del SRTM (principal y externa) recogen la combinación digital de las señales, haciendo posible la generación de una imagen tridimensional de la zona observada.

El **mástil** del SRTM, de 60 m de largo, es la estructura rígida más larga jamás desplegada en órbita después de la Estación Espacial Internacional.

antena externa

Los rayos de **banda C** cubren un corredor de 225 km.

Los rayos de **banda X**, limitados por un corredor de 50 km, proporcionan imágenes de resolución más alta.

La **antena principal** emite a la Tierra 1.500 pulsos de radar por segundo.

LAS APLICACIONES

Los científicos usan los datos del SRTM para conducir estudios geológicos, hidrológicos y geofísicos. Las aplicaciones civiles van desde la administración de los recursos de la tierra a la instalación de redes de telefonía celular. El ejército norteamericano usa estos mapas topográficos extremadamente precisos para entrenamiento de personal, planeación logística y sistemas de guía de mísiles.

La isla de Hokkaido en Japón. La altitud está representada por diferentes colores, desde el azul para las áreas más bajas al blanco, para las más altas.

225 km

50 km

Husos horarios

El mundo en 24 horas

El tiempo solar, que se calcula de acuerdo con la posición del Sol en el cielo, es diferente en cada meridiano; por lo tanto no se puede usar como referencia común. El desarrollo del transporte y las comunicaciones en el siglo XIX llevó a diferentes países a instituir un sistema internacional que hiciera sencillo establecer el tiempo en todos los puntos del planeta. En 1883, la superficie de la Tierra se dividió en 24 husos horarios, zonas imaginarias extendidas uniformemente alrededor del globo. Cada una de esas zonas tiene una sola hora estándar, determinada en relación con la hora estándar de la zona de Greenwich (Inglaterra).

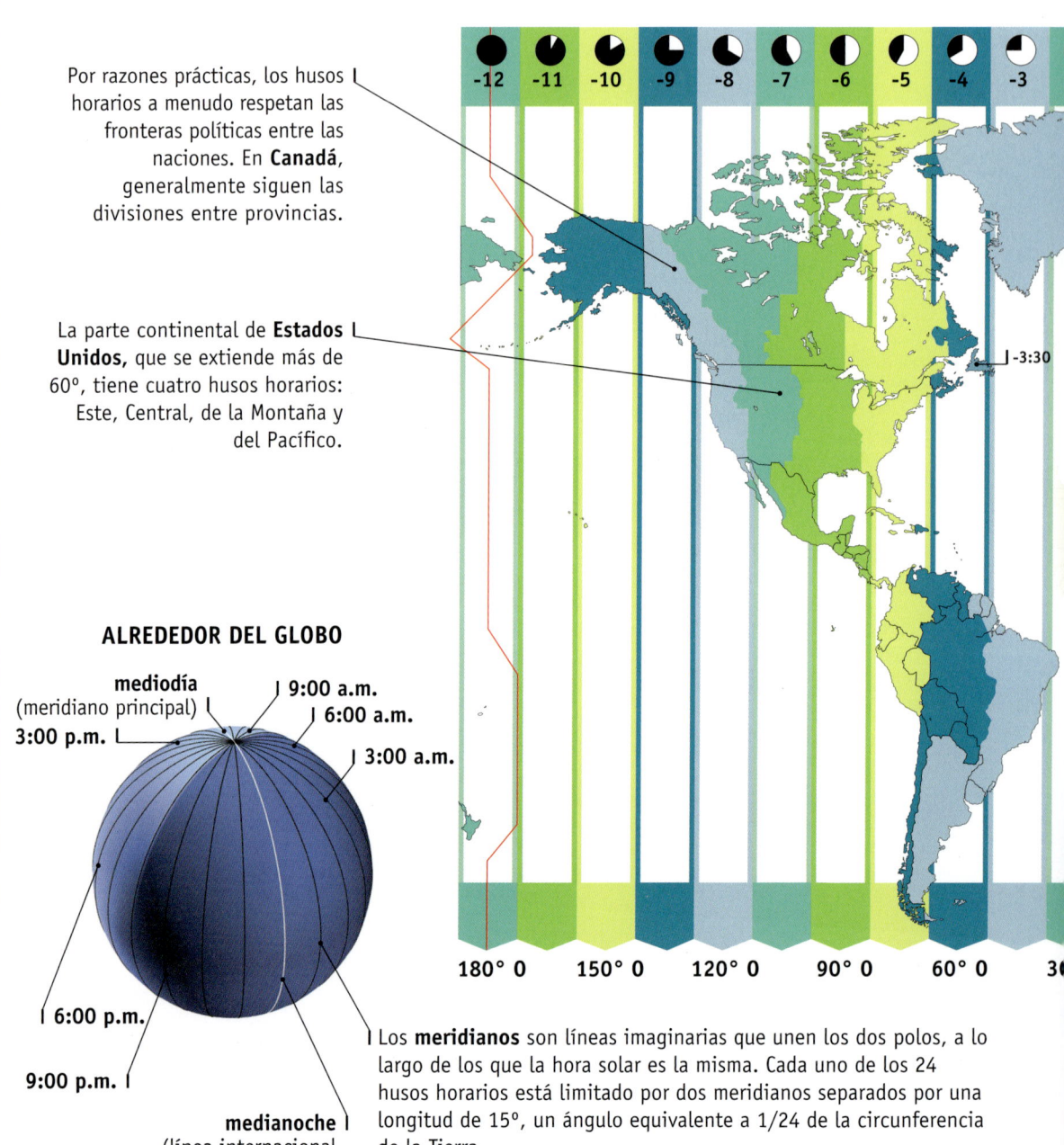

Por razones prácticas, los husos horarios a menudo respetan las fronteras políticas entre las naciones. En **Canadá**, generalmente siguen las divisiones entre provincias.

La parte continental de **Estados Unidos,** que se extiende más de 60°, tiene cuatro husos horarios: Este, Central, de la Montaña y del Pacífico.

ALREDEDOR DEL GLOBO

mediodía
(meridiano principal)
3:00 p.m.

9:00 a.m.
6:00 a.m.
3:00 a.m.

6:00 p.m.

9:00 p.m.

medianoche
(línea internacional
de cambio de fecha)

-12 -11 -10 -9 -8 -7 -6 -5 -4 -3

-3:30

180° 0   150° 0   120° 0   90° 0   60° 0   3

Los **meridianos** son líneas imaginarias que unen los dos polos, a lo largo de los que la hora solar es la misma. Cada uno de los 24 husos horarios está limitado por dos meridianos separados por una longitud de 15°, un ángulo equivalente a 1/24 de la circunferencia de la Tierra.

LA HORA DE GREENWICH

La supremacía de Gran Bretaña en el siglo XIX determinó la elección del meridiano de Greenwich, donde quedaba ubicado un viejo observatorio (foto a la derecha), como la referencia universal para el tiempo. La hora civil en Greenwich, llamada Universal Time (UT), es el punto de referencia en todo el planeta. Para obtener la hora legal de un lugar, se suman o restan del UT el número de horas equivalente al número de husos horarios que lo separan de la hora de Greenwich.

Al meridiano de Greenwich se le llama **meridiano principal,** o de referencia, pues se usa convencionalmente como punto de referencia para la división longitudinal del planeta.

El territorio de la **Federación Rusa** está dividido en 10 husos horarios.

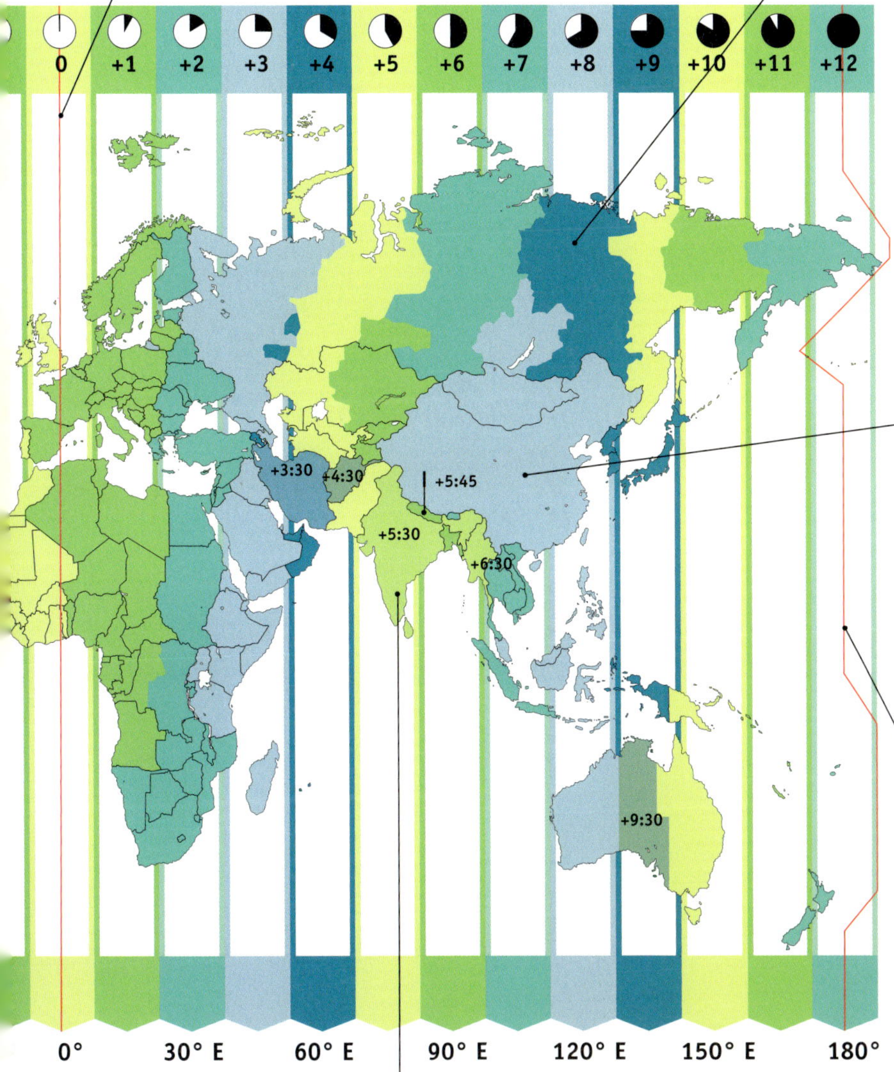

0 +1 +2 +3 +4 +5 +6 +7 +8 +9 +10 +11 +12

+3:30 +4:30 +5:45

+5:30

+6:30

China tiene un solo huso horario, aun cuando su territorio se extiende por más de 60° de longitud.

+9:30

0°   30° E   60° E   90° E   120° E   150° E   180°

Algunos países como **India** han elegido una hora legal corrida en media hora de los husos horarios vecinos.

La **línea internacional de cambio de fecha** se localiza en el océano Pacífico, a una longitud de 180°, es decir, directamente opuesta al meridiano de Greenwich. Cuando cruzamos esta línea, vamos hacia atrás o hacia delante un día, dependiendo si viajamos hacia el este o el oeste. La línea se desvía en varios lugares para evitar que algunos países o islas queden divididos en dos fechas distintas.

A diferencia de las innumerables islas pequeñas del planeta, muchas de las cuales están formadas por la acción volcánica, los siete continentes están unidos a las grandes masas tectónicas, las placas continentales. Desde la cordillera de los Andes hasta el desierto del Sahara, desde la Gran barrera de coral al río Amarillo, desde la capa de hielo antártico hasta el cráter del monte Vesubio, en esta sección exploramos la gran diversidad de nuestro planeta y las características de su relieve.

Los continentes

Configuración de los continentes

Las áreas de tierra del planeta

Los continentes son vastas extensiones de tierra rodeadas por agua. Representan cerca de un tercio de la superficie del planeta. Cada uno tiene diferentes características e incluso diversos límites, dependiendo de quién mida los continentes. Generalmente, los geógrafos no consideran la parte de tierra que está debajo de la superficie de agua, mientras que los geólogos incluyen los límites de la costa: las plataformas continentales que se extienden debajo del mar y terminan en vertientes que van más allá de donde comienzan las cuencas de ríos y lagos.

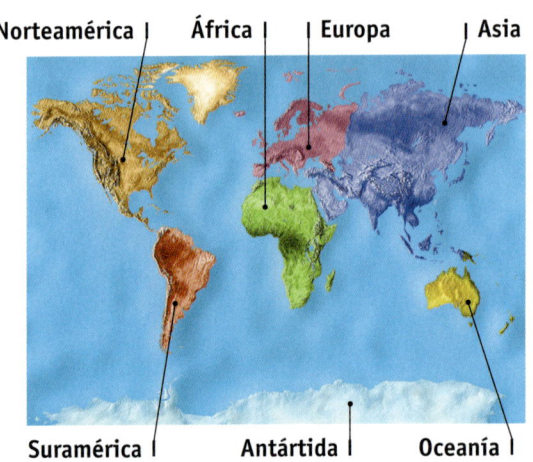

Norteamérica | África | Europa | Asia

Suramérica | Antártida | Oceanía

LOS SIETE CONTINENTES

En la actualidad, la Tierra se divide en siete continentes: Europa, Asia, África, Norteamérica, Suramérica, Oceanía y Antártida. Por razones históricas y etnológicas, los geógrafos han dividido Europa y Asia, las cuales en realidad forman un solo y largo continente: Eurasia.

LA ESTRUCTURA GEOLÓGICA DE LOS CONTINENTES

A través del tiempo, diferentes factores (tectónica de placas, vulcanismo, erosión, sedimentación, etc.) han transformado los relieves de la Tierra y sus continentes. De acuerdo con sus diferencias, los continentes tienen áreas más antiguas (más estables) y más jóvenes (más activas). Cada uno descansa sobre una plataforma de roca, que data del Precámbrico, alrededor del cual hay cuencas sedimentarias y montañas antiguas (cimas redondas, localizadas cerca de las plataformas) o más recientes (inclinadas, cerca de las costas). En algunos lugares, una cubierta volcánica la recubre.

La placa o **plataforma** contiene las capas geológicas más antiguas y generalmente está localizada en el interior de los continentes.

Las cuencas sedimentarias, localizadas en zonas adyacentes, son depresiones en las que se ha acumulado el sedimento.

Las cadenas de montañas rodean el sistema del continente y se encuentran cerca de las plataformas o en el borde las costas.

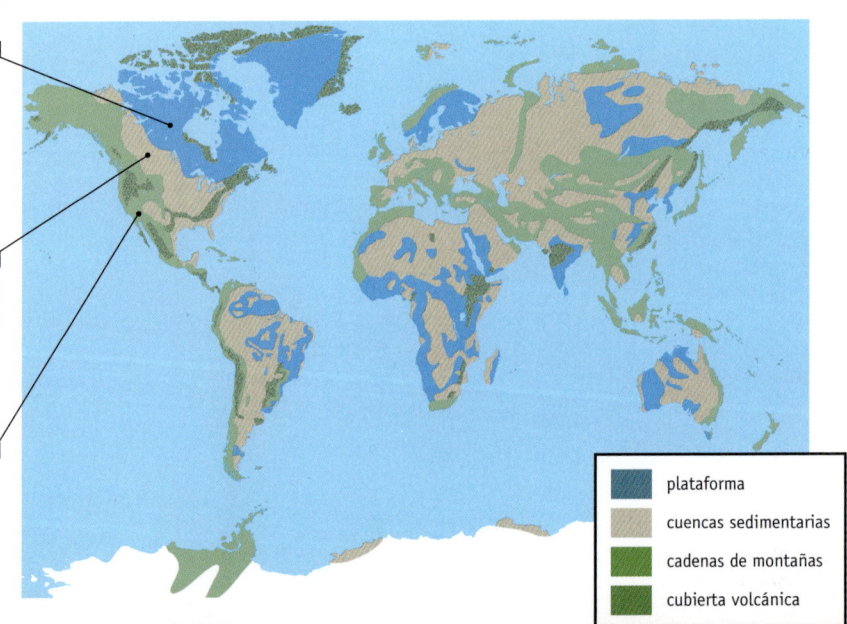

- plataforma
- cuencas sedimentarias
- cadenas de montañas
- cubierta volcánica

Antártida

En los confines de la Tierra

Único continente deshabitado, la Antártida es sin embargo mayor que Europa o Australia. Con una superficie total de 14.200.000 km², está recubierta en el 98% por un casquete glaciar que alcanza en algunas partes más de 4.000 metros de espesor. Esta capa de hielo, llamada inlandsis, encierra el 90% de las reservas de agua dulce del globo (30 millones de km³). Algunos afloramientos rocosos constituyen los únicos espacios sin hielo.

LA ANTÁRTIDA EN NÚMEROS	
superficie total	14.200.000 km²
punto más elevado	monte Vinson 5.140 m

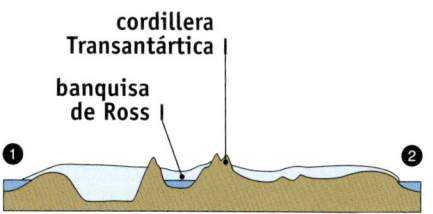

La **Antártida occidental,** constituida sobre todo por cuencas sedimentarias, está en su mayor parte situada por dabajo del nivel del mar; forma numerosas islas limítrofes unidas por hielo. Dominada por algunas cadenas de montañas, es más extensa que la Antártida oriental y forma una especie de península.

La **Antártida oriental,** que forma la plataforma del continente, es la parte más antigua y extensa.

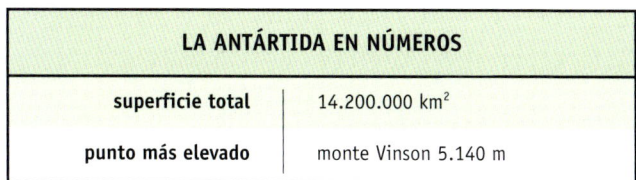

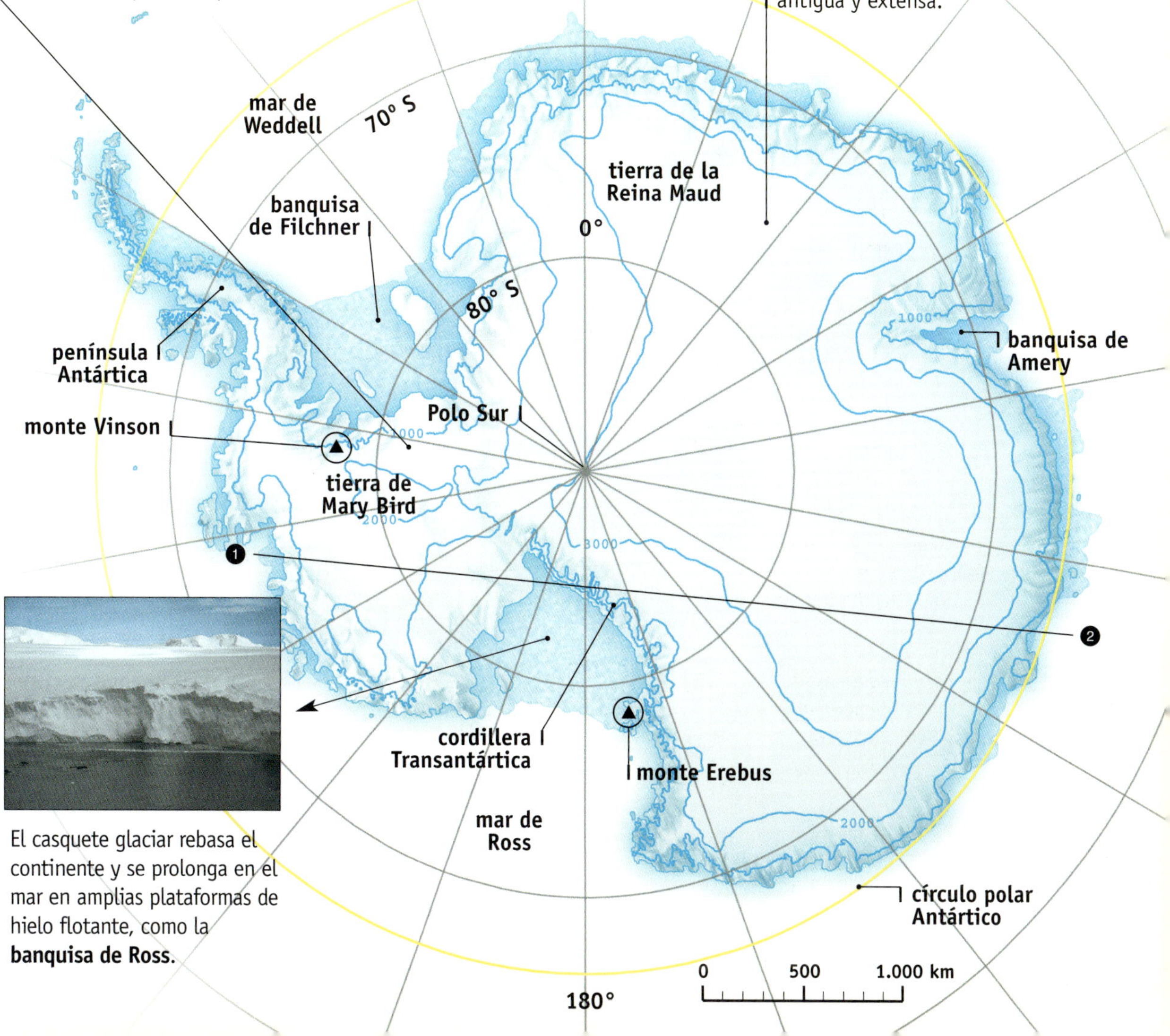

mar de Weddell

70° S

banquisa de Filchner

tierra de la Reina Maud

0°

80° S

península Antártica

banquisa de Amery

monte Vinson

Polo Sur

tierra de Mary Bird

cordillera Transantártica

monte Erebus

mar de Ross

círculo polar Antártico

El casquete glaciar rebasa el continente y se prolonga en el mar en amplias plataformas de hielo flotante, como la **banquisa de Ross**.

0   500   1.000 km

180°

Norteamérica
El continente de los grandes espacios

Norteamérica, que representa alrededor del 16% de las tierras emergidas del planeta, está delimitada por los océanos Pacífico, Atlántico y Ártico. La zona más antigua del continente, el Escudo canadiense, bordea la bahía de Hudson. Por todos los lados, las grandes cuencas hidrográficas (San Lorenzo y los Grandes Lagos, el Mississippi y el Mackenzie) ocupan la plataforma norteamericana.

Mientras que las antiguas montañas erosionadas de los Apalaches constituyen el relieve principal del este del continente, el oeste está marcado por una alta cadena montañosa (Montañas Rocosas, Sierra Madre) que bordea toda la costa del Pacífico, de Alaska a México. Este macizo se prolonga por el istmo de América Central que, con su serie de islas forman las Antillas Mayores y Menores, delimita el mar Caribe.

La cordillera occidental comprende, al norte, las Montañas Rocosas, y al sur, la Sierra Madre. El **monte MacKinley**, situado en Alaska, es la cima más alta de Norteamérica.

El **valle de la Muerte** profundo foso de hundimiento situado 86 m por debajo del nivel del mar, en California, es una zona excepcionalmente árida.

océano Pacífico — cadena costera — océano Atlántico
Montañas Rocosas — Apalaches

NORTEAMÉRICA EN NÚMEROS	
superficie total	24.235.583 km²
punto más elevado	monte MacKinley 6.194 m
punto menos elevado	Valle de la Muerte −86 m
río más largo	Mississipi-Missouri 5.970 km
lago más grande	lago Superior 82.100 km²
isla más grande	Groenlandia 2.175.000 km²

ALTITUD (EN METROS)
> 3.000 / 2.000–3.000 / 1.000–2.000 / 500–1.000 / 200–500 / 0–200 / < 0

estrecho de Bering · golfo de Alaska · isla de Vancouver · océano Pacífico · trópico de Cáncer

0 500 1.000 km

océano Ártico

140° 0   120° 0   100° 0   80° 0   60° 0   40° 0

1000
2000
3000

Isla de Baffin

círculo polar Ártico

Groenlandia, que ocupa más de 2 millones de kilómetros cuadrados, es la mayor isla del mundo, con excepción de Australia, que a menudo es considerada un continente.

río Mackenzie

bahía de Hudson

isla de Terranova

Montañas Rocosas

escudo canadiense

El **lago Superior** es el más amplio de los grandes lagos. Este auténtico mar interior constituye la mayor superficie de agua dulce del planeta.

río San Lorenzo

océano Atlántico

Gran Cañón

El istmo de Panamá es una estrecha franja de tierra de 50 km de anchura. El **canal de Panamá,** que comunica el mar del Caribe con el océano Pacífico, constituye el límite meridional de Centroamérica.

río Missouri

Apalaches

Sierra Madre

río Mississippi

río Grande

golfo de México

golfo de California

Antillas Mayores

mar Caribe

Antillas Menores

Centroamérica

Suramérica

Una tierra de contrastes

Suramérica agrupa el 12% de las tierras del globo. Delimitada por el océano Pacífico y el océano Atlántico, presenta un relieve similar al norteamericano. Al este del continente se encuentra una plataforma antigua, representada en el norte por el escudo Guayanés, en el centro por el escudo Brasileño y en el sur por las mesetas patagónicas. Estas mesetas están separadas por depresiones regadas por grandes ríos: el Orinoco, el Amazonas y el Paraná. Los grandes macizos montañosos se encuentran en la costa oeste: la cordillera de los Andes recorre el continente de norte a sur, de Venezuela al sur de Chile, en donde la costa extremadamente recortada atestigua el paso de glaciares. Desde las altas cúspides de los Andes hasta las frías tierras de la Patagonia, pasando por las llanuras ecuatoriales de la Amazonia, Suramérica es en su conjunto una tierra de contrastes.

ecuador

10° S

La **cordillera de los Andes** representa el macizo montañoso más elevado del globo después del Himalaya. Esta cadena, que tiene una extensión de más de 8.000 km, es la más larga del mundo. Ahí se encuentran casi unas cincuenta cimas que superan los 6.000 m de altitud.

20° S

trópico de Capricornio

30° S

océano Pacífico

lago Titicaca
Andes
escudo Brasileño

1   **2**

océano Pacífico   océano Atlántico

SURAMÉRICA EN NÚMEROS	
superficie total	17.814.000 km²
punto más elevado	Aconcagua 6.960 m
punto menos elevado	península Valdés –40 m
río más largo	Amazonas 6.570 km
lago más grande	Maracaibo 13.000 km²
cataratas más altas	saltos del Ángel 979 m

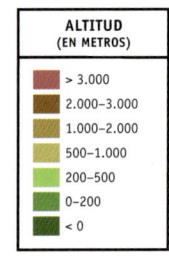

ALTITUD (EN METROS)	
	> 3.000
	2.000–3.000
	1.000–2.000
	500–1.000
	200–500
	0–200
	< 0

40°

0   500   1.000 km

70° 0   60° 0   50° 0   40° 0

río Orinoco

escudo Guayanés

Venezuela posee las cataratas más altas del mundo, el **salto del Ángel**.

Después de la excavación de un canal navegable para facilitar el paso de los petroleros, el **lago de Maracaibo** se inundó con agua salada proveniente del mar Caribe.

El **Amazonas** nace en los Andes, atraviesa Perú y Brasil antes de desembocar en el océano Atlántico. El río, que posee el caudal más fuerte del mundo, vierte en el océano más de 200.000 m³ de agua por segundo.

Situado en la frontera entre Perú y Bolivia, el **lago Titicaca** se encuentra entre los lagos navegables más elevados del mundo, a 3.810 m de altitud.

escudo Brasileño

Considerado como uno de los lugares más secos del planeta, el **desierto de Atacama** sólo recibe algunos milímetros de lluvia al año. En algunas regiones, nunca se ha registrado precipitación alguna.

Paraná

El **Aconcagua**, punto culminante de la cordillera de los Andes, es un antiguo volcán situado en Argentina, cerca de la frontera con Chile.

océano Atlántico

península Valdés

mesetas patagónicas

islas Malvinas

El cabo de Hornos, el punto más al sur de Suramérica, sólo dista de la Antártida 1.000 km. Es conocido por sus violentas ráfagas de viento y sus escollos amenazadores.

Tierra del Fuego

Europa

Una península con el litoral recortado

Extremidad occidental del vasto conjunto continental euroasiático, Europa tiene una pequeña extensión (7% de las tierras emergidas del planeta). Su territorio muy recortado está estrechamente imbricado en los mares que lo rodean (Mediterráneo, Mar Negro, Mar Báltico, Mar del Norte), en donde se encuentran numerosas islas (islas Británicas, Sicilia, etc.).

Europa se divide en cuatro grandes sistemas: las montañas poco elevadas del noroeste, constituidas por pliegues geológicos antiguos y marcados por la huella glaciar; las grandes llanuras septentrionales; las antiguas montañas centrales erosionadas (Macizo Central, Urales), y finalmente, Europa alpinamediterránea, en el sur, formada por altas cadenas montañosas (Pirineos, Alpes y Cárpatos).

Islandia

EUROPA EN NÚMEROS	
superficie total	10.400.000 km²
punto más elevado	Elbrus 5.642 m
punto menos elevado	delta del Volga –28 m
río más largo	Volga 3.530 km
lago más grande	Ladoga 17.600 km²

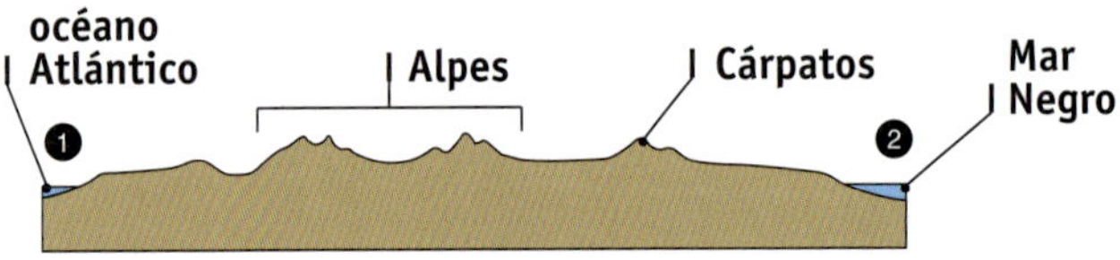

ALTITUD (EN METROS)

- > 3.000
- 2.000–3.000
- 1.000–2.000
- 500–1.000
- 200–500
- 0–200
- < 0

islas Británicas

océano Atlántico

canal de la Mancha

océano Atlántico | Alpes | Cárpatos | Mar Negro

❶ ❷

río Loira

❶

río Ródano

Macizo Central

península Ibérica

río Ebro

Pirineos

río Tajo

Encrucijada entre Europa meridional, África del Norte y el Oriente Próximo, el **Mediterráneo** comunica con el océano Atlántico por el estrecho de Gibraltar. Es un mar cuyas mareas son débiles y su salinidad elevada.

10° O

0°

estrecho de Gibraltar

0   500   1.000 km

Profundos valles, llamados fiordos, entran en las costas de Noruega. El más largo de ellos, el **Sognefjord,** tiene una extensión de más de 200 km.

montes Kjölen

península de Kola

Los **montes Urales** en Rusia, marcan la frontera entre Europa y Asia.

70° N

círculo polar ártico

60° N

golfo de Botnia

lago Ladoga

mar Báltico

Las aguas del **Volga,** el río más largo de Europa, atraviesan las vastas llanuras de Rusia antes de desembocar en el mar Caspio.

lago Vänern

Mar del Norte

península de Jutlandia

río Vístula

río Don

50° N

río Rin

río Elba

Los **Alpes,** que tienen una extensión de 1.200 km de longitud, forman el sistema montañoso más importante del oeste de Europa. Culminan en el **Monte Blanco** (4.808 m) en la frontera entre Francia e Italia.

río Dniéper

En el centro de Europa, el monte **Elbrous** se eleva a 5.642 m de altitud, que lo convierte en el punto culminante del continente.

Alpes

Cárpatos

río Danubio

❷

Mar Negro

40° N

Córcega

Cerdeña

Situada cerca del punto de encuentro de las placas euroasiática y africana, Italia tiene una actividad volcánica importante con el Etna, el Estrómboli y el **Vesubio.**

Sicilia

Monte Etna

10° E

20° E

30° E

40° E

Asia

El continente más vasto del globo

Asia conforma las cuatro quintas partes de Eurasia, es la región más vasta del mundo (32% de la tierra del planeta). El relieve está constituido en parte por escudos muy antiguos: la península Arábiga y la de India, situadas en el borde del océano Índico, y la meseta de Siberia central. Las estepas del Turquestán y la llanura de Siberia occidental son regiones bajas formadas por capas sedimentarias. El elemento principal son las imponentes cadenas montañosas que atraviesan el continente de oeste a este (Hindu-Kuch, Himalaya) y que se prolongan en el océano Pacífico para formar Indonesia y Filipinas en el sur, Japón y Kamchatka en el norte.

Sin acceso al océano, el **mar Caspio** constituye el mayor lago del mundo. Está situado a 28 m por debajo del nivel del mar.

El lugar menos elevado de todas la tierra del mundo se encuentra a unos 400 m por debajo del nivel del mar: se trata del **Mar Muerto,** en el Medio Oriente.

60° N

la llanura de Siberia occidental

río Obi

mar de Aral

Turquestán

montes Hindu-Kush

40° N

trópico de Cáncer

Golfo Pérsico

Mar Rojo

20° N

península Arábiga

río Indo

❶

Himalaya

❶

Japón

❷

océano Índico

40° E

Himalaya

río Ganges

península de India

60° E

océano Índico

ecuador

80° E

ASIA EN NÚMEROS	
superficie total	44.614.000 km²
punto más elevado	Everest 8.848 m
punto menos elevado	Mar Muerto −396 m
río más largo	Yangtse 6.300 km
lago más grande	mar Caspio 386.400 km²

ALTITUD (EN METROS)

	> 3.000
	2.000–3.000
	1.000–2.000
	500–1.000
	200–500
	0–200
	< 0

0   500   1.000 km

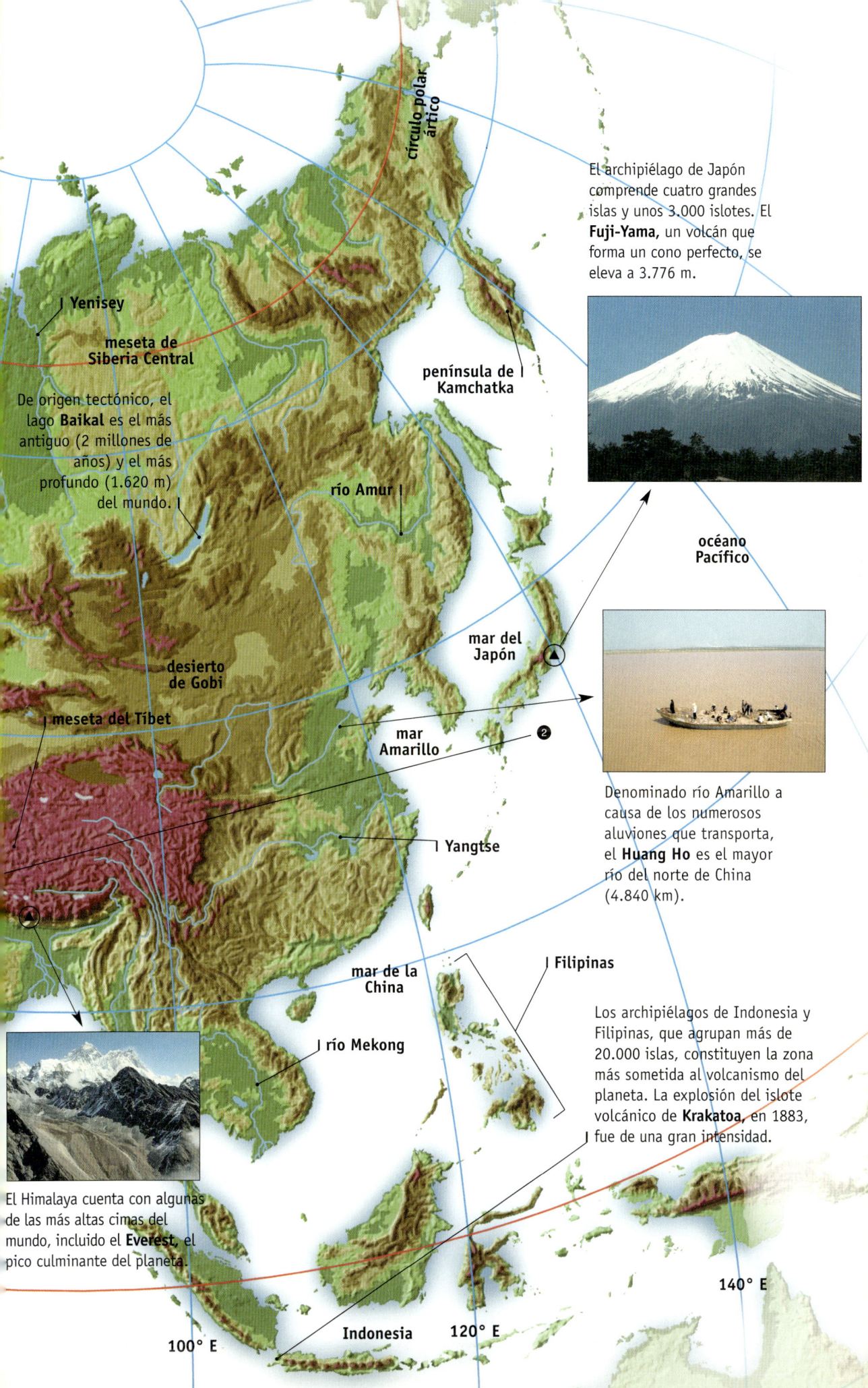

El archipiélago de Japón comprende cuatro grandes islas y unos 3.000 islotes. El **Fuji-Yama**, un volcán que forma un cono perfecto, se eleva a 3.776 m.

Yenisey

meseta de **Siberia Central**

De origen tectónico, el lago **Baikal** es el más antiguo (2 millones de años) y el más profundo (1.620 m) del mundo.

península de **Kamchatka**

río Amur

océano **Pacífico**

desierto **de Gobi**

mar del **Japón**

meseta del Tíbet

mar **Amarillo**

2

Denominado río Amarillo a causa de los numerosos aluviones que transporta, el **Huang Ho** es el mayor río del norte de China (4.840 km).

Yangtse

mar de la **China**

Filipinas

río Mekong

Los archipiélagos de Indonesia y Filipinas, que agrupan más de 20.000 islas, constituyen la zona más sometida al volcanismo del planeta. La explosión del islote volcánico de **Krakatoa**, en 1883, fue de una gran intensidad.

El Himalaya cuenta con algunas de las más altas cimas del mundo, incluido el **Everest**, el pico culminante del planeta.

Indonesia   120° E

100° E

140° E

Oceanía

Una multitud de islas en el Pacífico

A diferencia de los otros continentes, Oceanía no es una masa de tierra rodeada de mares, sino una gran cantidad de islas esparcidas por los océanos Pacífico e Índico. Con un área de 7.682.000 km², Australia es el verdadero continente de Oceanía. La gran cantidad de islas que la rodean están grupadas en tres ensambles geográficos: Melanesia, al noreste de Australia, incluyendo Papúa, Nueva Guinea; Micronesia, al norte; y Polinesia, incluida Nueva Zelanda y todas las masas de tierra del Pacífico medio.
El área total de Oceanía representa el 6% de las masas de tierra del planeta.

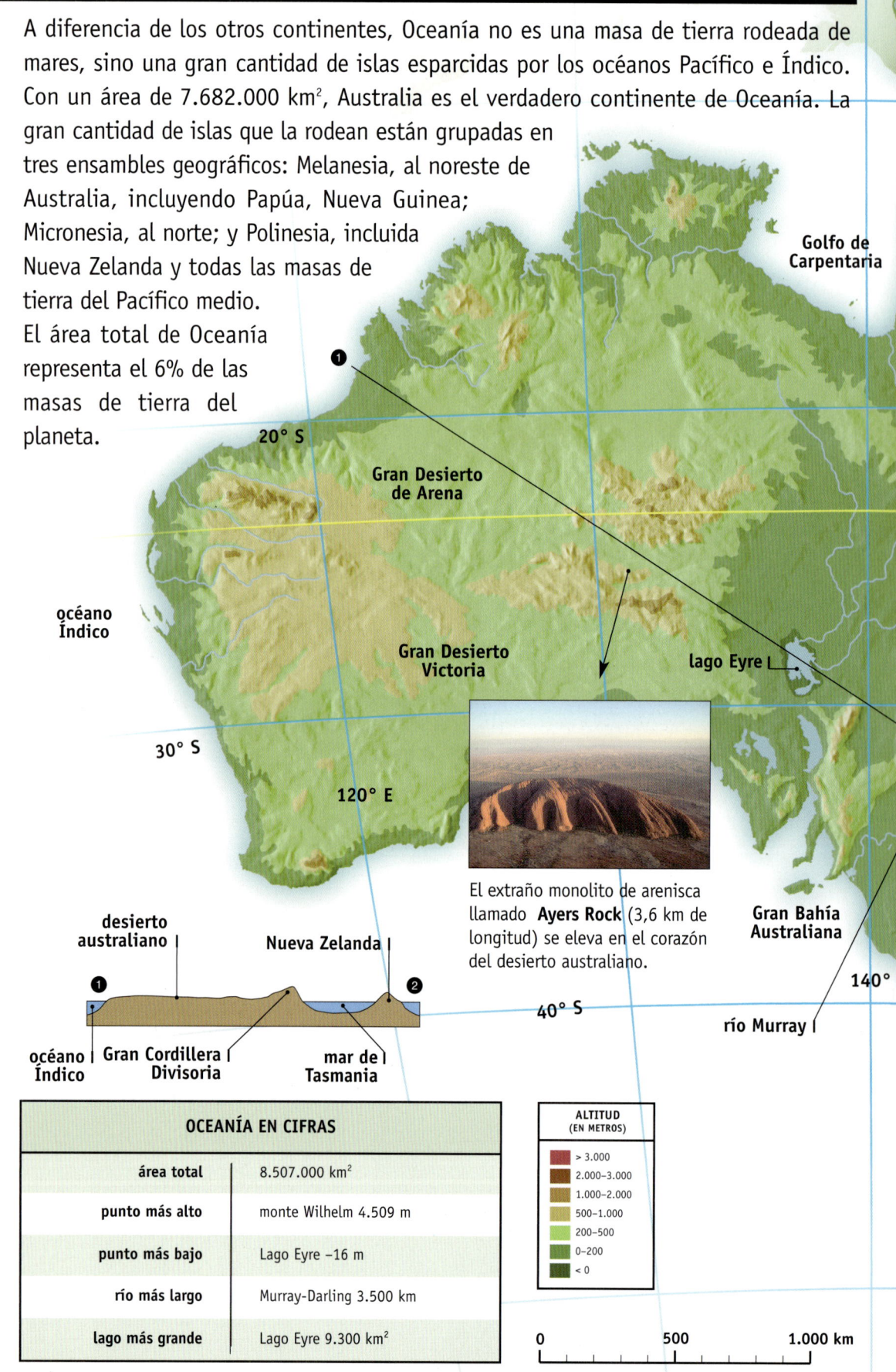

Golfo de Carpentaria

20° S

Gran Desierto de Arena

océano Índico

Gran Desierto Victoria

lago Eyre

30° S

120° E

El extraño monolito de arenisca llamado **Ayers Rock** (3,6 km de longitud) se eleva en el corazón del desierto australiano.

Gran Bahía Australiana

140° E

desierto australiano

Nueva Zelanda

río Murray

40° S

océano Índico | Gran Cordillera Divisoria

mar de Tasmania

OCEANÍA EN CIFRAS	
área total	8.507.000 km²
punto más alto	monte Wilhelm 4.509 m
punto más bajo	Lago Eyre −16 m
río más largo	Murray-Darling 3.500 km
lago más grande	Lago Eyre 9.300 km²

ALTITUD
(EN METROS)

	> 3.000
	2.000–3.000
	1.000–2.000
	500–1.000
	200–500
	0–200
	< 0

0   500   1.000 km

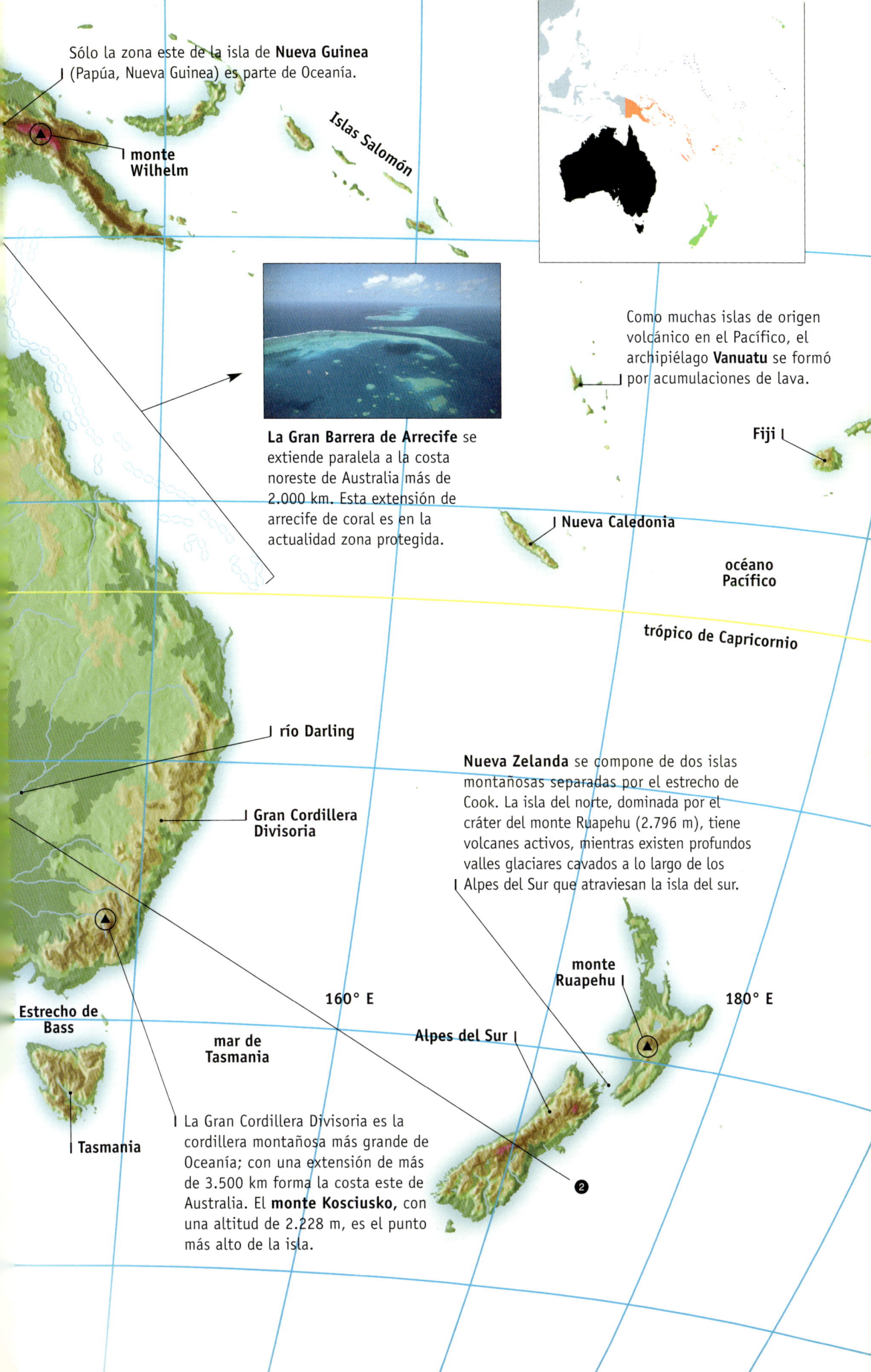

Sólo la zona este de la isla de **Nueva Guinea** (Papúa, Nueva Guinea) es parte de Oceanía.

monte Wilhelm

Islas Salomón

Como muchas islas de origen volcánico en el Pacífico, el archipiélago **Vanuatu** se formó por acumulaciones de lava.

Fiji

La Gran Barrera de Arrecife se extiende paralela a la costa noreste de Australia más de 2.000 km. Esta extensión de arrecife de coral es en la actualidad zona protegida.

Nueva Caledonia

océano Pacífico

trópico de Capricornio

río Darling

Nueva Zelanda se compone de dos islas montañosas separadas por el estrecho de Cook. La isla del norte, dominada por el cráter del monte Ruapehu (2.796 m), tiene volcanes activos, mientras existen profundos valles glaciares cavados a lo largo de los Alpes del Sur que atraviesan la isla del sur.

Gran Cordillera Divisoria

monte Ruapehu

160° E

180° E

Estrecho de Bass

mar de Tasmania

Alpes del Sur

Tasmania

La Gran Cordillera Divisoria es la cordillera montañosa más grande de Oceanía; con una extensión de más de 3.500 km forma la costa este de Australia. El **monte Kosciusko,** con una altitud de 2.228 m, es el punto más alto de la isla.

❷

África

Un continente plano limitado por un relieve escarpado

África es un continente masivo con un área de 30.365.000 km² (20% de la masa de tierra del planeta); el ecuador lo atraviesa en el centro. La mayor parte de África se compone de una meseta muy vieja que forma la plataforma continental, y está limitada por costas rectilíneas escarpadas y muy pocas islas. Las cordilleras montañosas se concentran en el norte (Atlas); sur (Drakensberg); y este (macizo Etíope), en donde están moldeadas por un importante sistema de grietas, el Gran Valle del Rift. La zona subecuatorial, cubierta por el bosque y la sabana, es irrigada por los poderosos ríos Congo y Níger, mientras las regiones subtropicales contienen desiertos: Sahara, Namibia, Kalahari, que tienen poca irrigación natural.

Con más de 8 millones de km², el **Sahara** es el desierto más grande del mundo. Se extiende desde el océano Atlántico hasta el Mar Rojo y cubre todo el norte de África.

10°0

0°

30° N

montañas Atl

trópico de Cáncer

20° N

río Senegal

10° N

río Níger

golfo de Guinea

ecuador

10°

océano Atlántico

20° S

trópico de Capricorn

planicie del Congo

monte Kilimanjaro

lago Victoria

Gran Valle del Rift

1

2

océano Atlántico

océano Índico

ÁFRICA EN CIFRAS	
área total	30.365.000 km²
punto más alto	Kilimanjaro 5.895 m
punto más bajo	Lago Assal −156 m
río más largo	Nilo 6.650 km
lago más grande	Victoria 69.500 km²

ALTITUD (EN METROS)	
	> 3.000
	2.000–3.000
	1.000–2.000
	500–1.000
	200–500
	0–200
	< 0

0   500   1.000 km

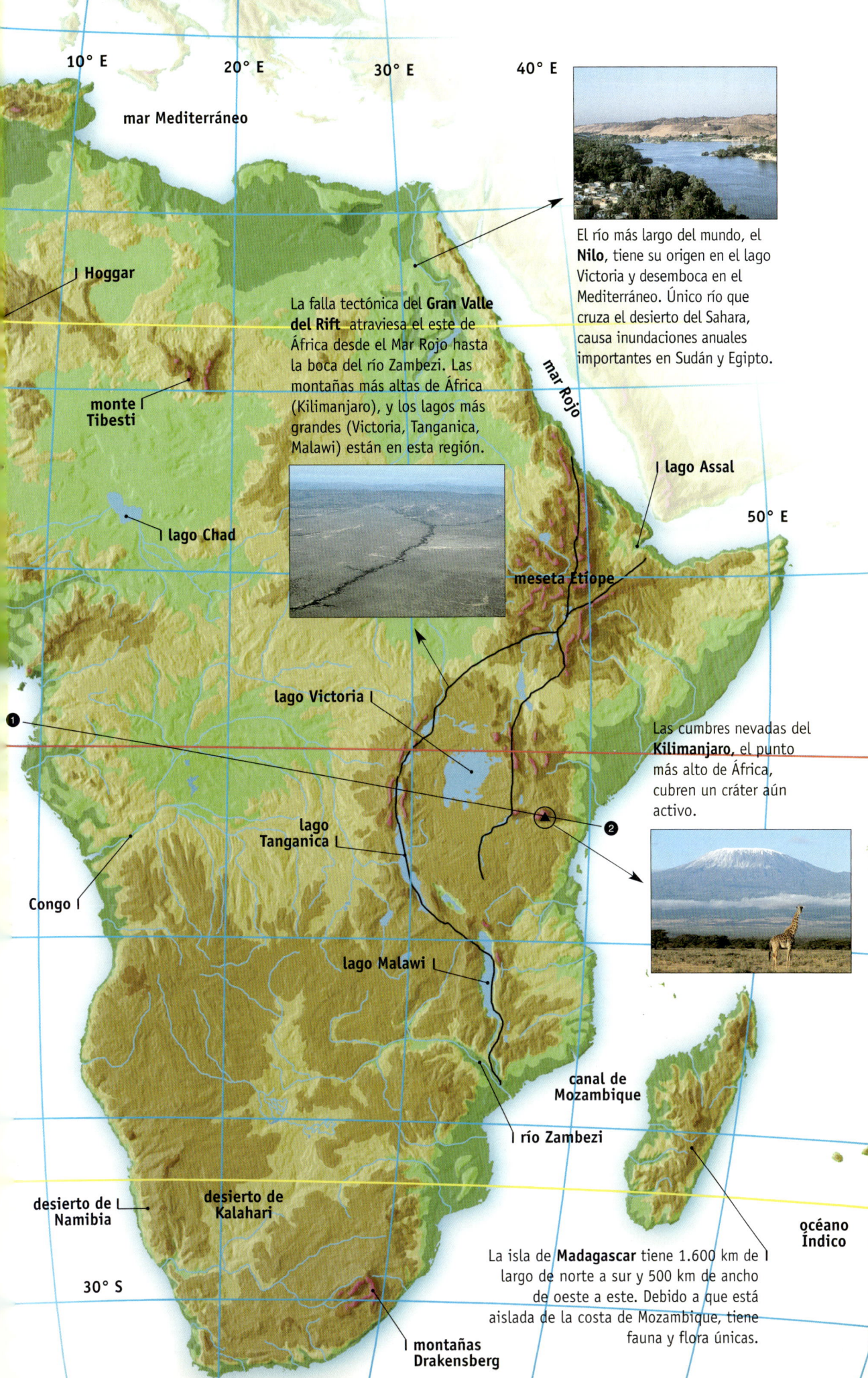

mar Mediterráneo

10° E   20° E   30° E   40° E

Hoggar

monte
Tibesti

lago Chad

La falla tectónica del **Gran Valle del Rift**, atraviesa el este de África desde el Mar Rojo hasta la boca del río Zambezi. Las montañas más altas de África (Kilimanjaro), y los lagos más grandes (Victoria, Tanganica, Malawi) están en esta región.

El río más largo del mundo, el **Nilo**, tiene su origen en el lago Victoria y desemboca en el Mediterráneo. Único río que cruza el desierto del Sahara, causa inundaciones anuales importantes en Sudán y Egipto.

mar Rojo

lago Assal

50° E

meseta Etíope

lago Victoria

❶

Las cumbres nevadas del **Kilimanjaro**, el punto más alto de África, cubren un cráter aún activo.

lago Tanganica

❷

Congo

lago Malawi

canal de Mozambique

río Zambezi

desierto de Namibia

desierto de Kalahari

océano Índico

30° S

La isla de **Madagascar** tiene 1.600 km de largo de norte a sur y 500 km de ancho de oeste a este. Debido a que está aislada de la costa de Mozambique, tiene fauna y flora únicas.

montañas Drakensberg

Glosario

abrasión
Desgaste mecánico de las rocas causado por fricción contra un material sólido.

agregado
Cúmulo de diferentes elementos unidos por un material sólido.

agua dulce
Agua que contiene muy bajo contenido de sales minerales.

altitud
Distancia vertical de un punto a un nivel de referencia, generalmente el nivel promedio del mar.

aluvión
Materiales sólidos (arena, grava, limo, guijarros) transportados y depositados por un curso de agua.

amplitud
Diferencia entre dos valores extremos de un fenómeno variable, como temperatura, mareas y olas.

archipiélago
Grupo de islas.

arco de islas
Grupo de islas volcánicas alineadas paralelamente a una fosa submarina.

arista
Cumbre escarpada de una montaña que separa dos valles glaciares.

arrecife de coral
En mares cálidos y poco profundos, arrecife compuesto de la acumulación de millones de esqueletos de coral, combinados con arena, fragmentos de concha y secreciones calcáreas de algunas algas.

atmósfera
Capa de gases que rodea la Tierra.

bahía
Parte relativamente abierta de una extensión de agua o curso de agua que forma una entrada en la tierra. Usualmente una bahía es más pequeña que un golfo.

batimetría
Medida de las profundidades de los océanos.

boca
Lugar en el que un río llega al mar o a un lago.

campo magnético
Región dentro de la que existe una fuerza magnética.

cañón submarino
Cueva submarina excavada en la placa continental por corrientes formadas por grandes ríos o deslizamientos de tierra.

cañón
Valle angosto y profundo con paredes escarpadas, generalmente excavado en una meseta de caliza.

casquete polar
En las regiones polares, gran placa de hielo que flota en el mar.

cenit
Punto en la esfera celeste directamente arriba del observador.

círculo polar
Líneas imaginarias localizadas en el paralelo 66° 34' norte (círculo Ártico) y sur (círculo Antártico). Estas líneas marcan el límite, de las zonas polares, en que los días duran 24 horas durante el solsticio de verano y en el que el sol no sale en el solsticio de invierno.

colina
Característica del relieve de baja altitud (100 a 300 m) con una cumbre redondeada.

convección
Circulación de un fluido (gaseoso o viscoso).

coral
Animal primitivo que generalmente vive en colonias arborescentes que forman arrecifes.

cadena montañosa
Grupo de montañas conectadas entre sí y alineadas en una sola dirección.

cordillera
Cadena montañosa larga y angosta.

costa
Área de tierra que bordea el mar. El ancho de la costa es variable y depende del relieve: su límite es el primer cambio importante en la morfología del terreno.

cuenca de desagüe
Territorio drenado por un río y sus tributarios.

cuña de acumulación
Sedimentos de una placa oceánica eliminada, que se acumulan en una zona de convergencia.

depresión
Parte hueca de una superficie de tierra; cuenca.

duna
Colina de arena en una costa o desierto, formada por acción del viento.

edad de hielo
Período geológico durante el cual los glaciares cubrieron gran parte de las masas de la Tierra.

elemento químico
Material formado enteramente de un solo tipo de átomo, con un solo número atómico (número de protones).

eón
La unidad de tiempo geológico más larga, formado por varias eras.

época
Unidad de tiempo geológico, subdivisión de un período.

era
Unidad geológica de tiempo justo abajo del eón, formada de varios períodos.

estepa
Llano vasto en regiones de clima seco, caracterizado por su vegetación herbácea.

estrecho
Angosto paso natural de mar entre dos costas.

falla
Fractura en la corteza de la Tierra que causa que una placa se mueva horizontal o verticalmente respecto a otro.

flujo de un curso de agua
Volumen de agua que fluye por un solo punto por unidad de tiempo. El flujo de un río, medido en su boca, se expresa en m^3/s.

fosa oceánica
Depresión angosta en el fondo marino, de varios kilómetros de longitud y entre 5.000 y 10.000 m de profundidad.

Glosario

fósil

Restos o huella de un animal o planta que vivió en tiempos prehistóricos, preservados en rocas sedimentarias en la corteza terrestre.

geología

Estudio científico de la Tierra, el material que la compone y las fuerzas y procesos que le han dado forma y la transforman.

golfo

Extensión del mar que entra al interior de una masa de tierra, generalmente más grande y cerrada que una bahía.

inundación

Elevación repentina del nivel de un curso de agua causado por una fuerte precipitación o por nieve derretida.

istmo

Brazo de tierra limitado por dos extensiones de agua que une dos masas de tierra.

llano

Amplia extensión de tierra relativamente plana, a una elevación más baja que las características del relieve en los alrededores, con valles ligeramente hondos.

macizo

Grupo de montañas, a menudo formadas por lechos de roca antiguos, que puede tomar muchas formas (plataformas, formaciones volcánicas, elementos muy erosionados).

magnitud

Cantidad de energía liberada durante un sismo y su representación en una escala numérica.

margen continental

Región subacuática en el límite de un continente entre la costa y las profundidades marinas.

meandro

La forma sinuosa de un curso de agua a través de la tierra con poca inclinación. Se caracteriza por el contraste entre su banco convexo, donde se deposita el aluvión, y su banco cóncavo, ahuecado por la erosión fluvial.

monolito

Bloque de una sola masa de roca.

nivel de base

Nivel bajo el cual un curso de agua ya no puede erosionar su lecho. A menudo es el nivel del mar.

orgánico

Se refiere a los organismos y sus restos.

península

Porción de tierra rodeada de mar en todos sus lados excepto uno, donde un istmo la une a un continente.

período

Unidad de tiempo geológico, subdivisión de una era, divida en épocas.

pico

Cumbre rocosa y puntiaguda de una montaña.

piroclastos

Detritos de explosiones volcánicas.

plataforma

Extensión relativamente plana de tierra que se diferencia del llano que la rodea por valles profundos, de laderas empinadas que forman sus límites y por su altitud, que es más alta que la región circundante.

polo geográfico

Los dos puntos de la Tierra (Polo Norte y Polo Sur) a través de los que pasa el eje de rotación del planeta.

precipitación

Todas las formas líquidas y sólidas en que el agua en la atmósfera llega a la superficie de la Tierra (lluvia, nieve, granizo, niebla, rocío, etc.).

radiactividad

Transformación natural de elementos químicos en otros elementos, acompañada por la emisión de partículas electromagnéticas o rayos.

rayo

Grupo de emisiones electromagnéticas generadas por una sola fuente.

refracción

La deflexión de un rayo al pasar de un medio a otro.

relieve

Todas las irregularidades (depresiones y elevaciones) en la superficie topográfica de una región.

resolución

Número de puntos por unidad de medida detectable por el barrido de un instrumento de medición. Una alta resolución indica que el instrumento usado tiene una gran sensibilidad óptica.

salinidad

La proporción de sal disuelta en un medio. La sal contenida en el agua de mar proviene de materiales transportados por ríos.

sedimentos

Materiales minerales sólidos (roca, arena, lodo) que han sido desalojados de su ubicación original y transportados por agua, hielo o viento para ser depositados en otra ubicación. Los materiales orgánicos también pueden formar sedimentos.

solsticio

Las dos veces del año en que el Sol está más lejos del plano del ecuador, correspondientes a los días más corto (solsticio de invierno) y más largo (solsticio de verano).

tiempo geológico

El período desde que la Tierra se formó hasta la aparición de la escritura, que marcó el inicio del período histórico.

toponimia

El estudio de los nombres de los lugares.

ultrasonido

Vibración de sonar con una frecuencia demasiado alta para ser percibida por el oído humano (más de 20.000 hercios).

valle de Rift

Gran depresión alargada con profundas laderas, formada por la subsidencia de un bloque de tierra entre dos fallas. (rift: hendidura).

vientos alisios

Vientos que soplan constantemente de este a oeste en la zona intertropical, especialmente sobre los océanos Pacífico y Atlántico.

Índice

Los términos en MAYÚSCULAS y la paginación en **negritas** remiten a una entrada principal. La letra [G] remite a una palabra en el glosario.

Los términos en MAYÚSCULAS y la paginación en **negritas** remiten a una entrada principal. La letra [G] remite a una palabra en el glosario.

Créditos de las fotografías

Tectónica y vulcanismo

pág. 39
Pinatubo: Ed Wolfe, United States Department od the Interior, USGS, David A. Johnston Cascades Volcano Observatory, Vancouver, Washington

Kilauea: Douglas Peebles/CORBIS/Magma

pág. 44
Old Faithful: William A. Bake/CORBIS/Magma

pág. 46
Falla de San Andrés: Kevin Schafer/CORBIS/Magma

Los Ángeles: EQE International, Inc.

Aguas y océanos

pág. 62
Corriente del Golfo: Grupo de detección remota oceánica, John Hopkins University, Laboratorio de Física Aplicada

pág. 65
Playa Ohahu: Rick Doyle/CORBIS/Magma

pág. 68
Bahía de Fundy: Scott Walking Adventure

El paisaje evolutivo

pág. 73

Monolito: Joel W. Rogers/CORBIS/Magma

pág. 74
Gran Cañón: David Muench/CORBIS/Magma

pág. 77
cueva del Mamut: David Muench/CORBIS/Magma

pág. 80
Apalaches: William A. Bake/CORBIS/Magma

pág. 81
Alpes: Nathan Benn/CORBIS/Magma

Representaciones de la Tierra

pág. 95
Fotografías aéreas:
© Her Majesty the Queen in Right of Canada, reproducidas de la colección de la National Air Photo Library de Recursos Naturales del Canadá.

pág. 102
Radar: Hulton-Deutsch Collection/CORBIS/Magma

Radar: CCRS/ www.ccrs.nrcan.gc.ca
Sonar: USGS

pág. 103
Vegetación sana y enferma: Felix Kogan/NOAA/NESDIS

pág. 104
Hawai: Radarsat Images © 1996. Cortesía de la Agencia Espacial de Canadá. Adquiridas por CSA. Recibidas por CCRS. Procesadas por RSI.

pág. 105
Hokkaido: Cortesía de NASA/JPL/Caltech

pág. 107
Greenwich: Museo Marítimo Nacional. Londres

Los continentes

pág. 111
Ross Ice Shelf:
Dr. John Anderson, Rice University, Dept. de Geología y Geografia

pág. 112
Monte McKinley: Richard Hamilton Smith/CORBIS/Magma

Death Valley: Liz Hymans/CORBIS/Magma

pág. 113
Canal de Panamá: Danny Lehman/CORBIS/Magma

pág. 114
Andes: Wolgang Kaehler/ CORBIS/Magma

pág. 115
Salto del Ángel: James

Marshall/CORBIS/Magma

pág. 117
Monte Blanco: Michelle Busselle/CORBIS/Magma
Vesubio: Tiziana y Gianni Baldizzone/CORBIS/Magma

pág. 119
Monte Everest: WildCountry/CORBIS/Magma

Fujiyama: Earl y Nazima Kowall/CORBIS/Magma

Huang Ho: Julia Waterlow; Eye Ubiquitous/CORBIS/Magma

pág. 120
Ayers Rock: Yann Arthus-Bertrand/CORBIS/Magma

pág. 121
Gran Barrera de Coral: Yann Arthus-Bertrand/CORBIS/Magma

pág. 122
Sahara: Tiziana y Gianni Baldizzone/CORBIS/Magma

pág. 123
Rift Valley: Wolgang Kaehler/CORBIS/Magma
Nilo: Nik Wheeler/CORBIS/Magma
Kilimanjaro: Sharna Balfour; Gallo Images/CORBIS/Magma